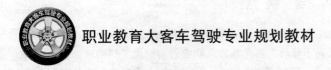
职业教育大客车驾驶专业规划教材

大客车维护

交通运输部运输服务司 组织编写
戴良鸿 主 编

人民交通出版社股份有限公司
China Communications Press Co.,Ltd.

内 容 提 要

本书为职业教育大客车驾驶专业规划教材之一,根据交通运输部办公厅、教育部办公厅、公安部办公厅、人力资源社会保障部办公厅联合下发的《关于开展大客车驾驶人职业教育试点工作的通知》(厅运字〔2014〕100号)编写而成。本书主要内容包括:认识汽车维护、大客车日常维护、大客车常见检查作业项目、大客车途中故障的应急处置及大客车等级评定与检验。

本书为大客车驾驶专业的核心教材,可作为道路客运驾驶人素质提升的培训用书和参考用书。

图书在版编目(CIP)数据

大客车维护/戴良鸿主编. —北京:人民交通出版社股份有限公司,2017.8
职业教育大客车驾驶专业规划教材
ISBN 978-7-114-13993-2

Ⅰ.①大… Ⅱ.①戴… Ⅲ.①客车—维修—职业教育—教材 Ⅳ.①U469.107

中国版本图书馆 CIP 数据核字(2017)第 160745 号

职业教育大客车驾驶专业规划教材
书　　名:大客车维护
著 作 者:戴良鸿
责任编辑:郭　跃
出版发行:人民交通出版社股份有限公司
地　　址:(100011)北京市朝阳区安定门外外馆斜街3号
网　　址:http://www.ccpress.com.cn
销售电话:(010)59757973
总 经 销:人民交通出版社股份有限公司发行部
经　　销:各地新华书店
印　　刷:北京市密东印刷有限公司
开　　本:787×1092　1/16
印　　张:9.75
字　　数:218 千
版　　次:2017 年 8 月　第 1 版
印　　次:2017 年 8 月　第 1 次印刷
书　　号:ISBN 978-7-114-13993-2
定　　价:23.00 元

(有印刷、装订质量问题的图书由本公司负责调换)

职业教育大客车驾驶专业规划教材
编写委员会
（按姓氏笔画排列）

王　杨　乔士俊　祁晓峰　李　斌

李　勤　吴晓斌　张开云　张则雷

周　铭　徐新春　翁志新　郭　跃

凌　晨　蒋志伟　解　云　戴良鸿

前 言
FOREWORD

为进一步贯彻落实《国务院关于加强道路交通安全工作的意见》(国发〔2012〕30号)的有关要求,"将大客车驾驶人培养纳入国家职业教育体系,努力解决高素质客运驾驶人短缺问题",经交通运输部、教育部、公安部和人力资源社会保障部共同研究,于2014年07月29日发文《关于开展大客车驾驶人职业教育试点工作的通知》(厅运字〔2014〕100号),决定在江苏、安徽、云南三省各选取一至两所具备资质的职业技术学院、高级技工学校,开展大客车驾驶人职业教育试点工作。为了认真落实通知精神,提升大客车驾驶人职业教育的办学水平,人民交通出版社受交通运输部委托,特组织试点院校编写职业教育大客车驾驶专业规划教材,以供本专业教学使用。

本套教材总结了全国交通高级技工学校、技师学院多年的专业教学经验,结合道路客运企业对大客车驾驶人的特殊要求,注重以学生就业为导向,以培养能力为本位,教材内容符合大客车驾驶专业教学改革精神,适应道路客运企业对大客车驾驶技能型紧缺人才的要求。本套教材中部分教材内容是在江苏汽车技师学院《大客车驾驶专业教学标准和课程标准》研究课题的课程体系框架下确定的。本套教材具有以下特色:

1. 按照交通行业职业技能规范和国家职业资格标准构建课程体系和教材体系。本套教材遵循大客车驾驶学制培养的具体要求,为贯彻国家职业资格标准,保证提高大客车驾驶专业学生的技术素质和服务质量奠定了良好的基础。

2. 本套教材注重实用性,体现先进性,保证科学性,突出实践性,贯穿可操作性,反映了汽车工业的新知识、新技术、新工艺和新标准,其工艺过程尽可能与当前生产情景一致。

3. 本套教材体现了汽车驾驶高级工应知应会的知识技能要求,更注重了汽车驾驶传统经验与现代大客车技术的有机结合。

4. 本套教材文字简洁,通俗易懂,以图代文,图文并茂,形象直观,形式生动,容易培养学生的学习兴趣,提高学习效果。

《大客车维护》为本套教材之一,主要内容包括:认识汽车维护、大客车日常维护、大客车常见检查作业项目、大客车途中故障的应急处置及大客车等级评定与检验。

本书由江苏汽车技师学院戴良鸿担任主编,负责统稿。其中项目一、五由江苏汽车技师学院赵胜全编写,项目二、四由江苏汽车技师学院倪桂荣编写,项目三由江苏汽车技师学院戴良鸿编写。

限于编者水平,加之大客车驾驶专业在全国已停办数年,书中难免有不当之处,敬请广大院校师生提出意见和建议,以便再版时完善。

编写委员会
2017 年 3 月

目 录
CONTENTS

项目一　认识汽车维护　1
　　任务一　汽车维护基础知识　1
　　任务二　营运客车维护知识　12

项目二　大客车日常维护　25
　　任务一　行车前维护作业　25
　　任务二　行车中维护作业　36
　　任务三　收车后维护作业　40

项目三　大客车常见检查作业项目　46
　　任务一　轮胎的检查与维护　46
　　任务二　灯光的检查与维护　57
　　任务三　发动机油液的检查与补给　67
　　任务四　变速器的检查与补给　74
　　任务五　制动系统检查与补给　80
　　任务六　刮水器系统检查与补给　85
　　任务七　传动系统检查与调整　89
　　任务八　车厢乘员系统检查与调整　95

项目四　大客车途中故障的应急处置　104
　　任务一　离合器分离不彻底的故障排除　104
　　任务二　发动机冷却液温度过高故障排除　109
　　任务三　发动机不能起动故障排除　114

项目五　大客车等级评定与检验　122
　　任务一　大客车的等级评定　122
　　任务二　大客车的检验　137

参考文献　147

项目一　认识汽车维护

项目描述

为了保持车辆技术状况良好,确保行车安全,机动车在使用过程中必须按照一定的标准进行分级、分内容的强制维护。同时为了保证营运客车的安全运营,营运客车必须按照相关的法律法规和车辆的《使用说明书》合理地使用、维护客车。

任务一　汽车维护基础知识

汽车使用过程中,随着行驶里程的增加,各零部件将产生磨损、变形疲劳、松动、老化和损伤,导致车辆技术状况变坏,使汽车的动力性下降,经济性变差,安全可靠性降低。如果在使用过程中根据车辆的使用情况及磨损规律,把磨损、松动、脏污和易于出现故障部位的项目集中起来,分级分期强制进行润滑、调整、检查、紧固等维护作业,则能改善各零部件的工作条件,减轻磨损,消除隐患,降低运输成本,保证行车安全,并能延长汽车的使用寿命。因此,车辆维护应贯彻"预防为主,强制维护"的原则,保持车容整洁,及时发现和排除故障、隐患,防止车辆早期损坏。

基础知识

一、汽车维护的定义

汽车行驶一定里程和时间后,根据汽车维护技术标准,按规定的工艺流程、作业范围、作业项目及技术要求所进行的预防性作业,称为汽车维护。

二、汽车维护的目的

汽车维护的目的是为了保持车辆技术状况良好,确保行车安全,充分发挥汽车的使用效能并降低运行消耗,以取得良好的经济效益、社会效益和环境效益。如维护不及时或缺少维护,可能导致车辆行驶过程中发生故障,或引发交通事故。

三、汽车维护制度

汽车维护制度是指对汽车进行维护工作而规定的技术性组织措施。
中华人民共和国国家标准《汽车维护、检测、诊断技术规范》(GB/T 18344—2016)(图1-1)中对汽车的各类维护做了明确的规定,中华人民共和国国家标准《机动车运行安全技术条件》

(GB 7258—2012)(图1-1)中对汽车的技术状态做了明确的要求。因此,在进行汽车维护作业时,必须遵循相关的国家标准和各省、市政府制定的行业标准,以及各汽车生产厂家的维护标准和要求。

图1-1 汽车维护的制度依据

四、汽车维护的分级

按照维护的时间不同可分为定期维护和不定期维护。其中定期维护根据交通部《汽车运输业车辆技术管理规定》分为日常维护、一级维护和二级维护;非定期维护包括走合维护、换季维护和对长期行驶或封存汽车的维护等。如图1-2所示。

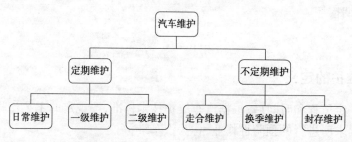

图1-2 汽车维护的分级

(一)定期维护

1. 日常维护

以清洁、补给和安全检视为作业中心内容,由驾驶人负责执行的车辆维护作业。

2. 一级维护

除日常维护作业外,以清洁、润滑、紧固为作业中心内容,并检查有关制动、操纵等安全部件,由维修企业负责执行的车辆维护作业。

中华人民共和国国家标准《汽车维护、检测、诊断技术规范》(GB/T 18344—2016)中关于车辆一级维护基本作业项目及技术要求见表1-1。

一级维护基本作业项目及技术要求　　　　　　　表1-1

序号	作业项目		作业内容	技术要求
1	发动机	空气滤清器、机油滤清器和燃油滤清器	清洁或更换	按规定的里程或时间清洁或更换滤清器。滤清器应清洁,衬垫无残缺,滤芯无破损。滤清器安装牢固,密封良好
2		发动机润滑油及冷却液	检查油(液)面高度,视情更换	按规定的里程或时间更换润滑油、冷却液,油(液)面高度符合规定
3	转向系	部件连接	检查、校紧转向节、横直拉杆、球头销和转向节等部位连接螺栓、螺母	各部件连接可靠
4		转向器润滑油及转向助力油	检查油面高度,视情更换	按规定的里程或时间更换转向器润滑油及转向助力油,油面高度符合规定
5	制动系	制动管路、制动阀及接头	检查制动管路、制动阀及接头,校紧接头	制动管路、制动阀固定可靠,接头紧固,无漏气(油)现象
6		缓速器	检查、校紧缓速器连接螺栓、螺母,检查定子与转子间隙,清洁缓速器	缓速器连接坚固,定子与转子间隙符合规定,缓速器外表、定子与转子清洁,各插接件与接头连接可靠
7		储气筒	检查储气筒	无积水及油污
8		制动液	检查液面高度,视情更换	按规定的里程或时间更换制动液,液面高度符合规定
9	传动系	各连接部位	检查、校紧变速器、传动轴、驱动桥壳、传动轴支撑等部位连接螺栓、螺母	各部位连接可靠,密封良好
10		变速器、主减速器和差速器	清洁通气孔	通气孔通畅
11	车轮	车轮及半轴的螺栓、螺母	校紧车轮及半轴的螺栓、螺母	扭紧力矩符合规定
12		轮辋及压条挡圈	检查轮辋及压条挡圈	轮辋及压条圈无裂损及变形
13	其他	蓄电池	检查蓄电池	液面高度符合规定,通气孔畅通,电桩、夹头清洁、牢固,免维护蓄电池电量状况指示正常
14		防护装置	检查侧防护装置及后防护装置,校紧螺栓、螺母	完好有效、安装牢固
15		全车润滑	检查、润滑各润滑点	润滑嘴齐全有效,润滑良好。各润滑点防尘罩齐全完好。集中润滑装置工作正常,密封良好
16		整车密封	检查泄漏情况	全车不漏洞、不漏液、不漏气

3. 二级维护

除一级维护作业外,以检查、调整转向节、转向摇臂、制动摩擦片、悬架等经过一定时间的使用容易磨损或变形的安全部件为主,并拆检轮胎,进行轮胎换位,检查调整发动机工作状况和排气污染控制装置等,由维修企业负责执行的车辆维护作业。

1)二级维护作业过程

汽车二级维护首先要进行检测,汽车进厂后,根据汽车技术档案的记录资料(包括车辆运行记录、维修记录、检测记录、总成修理记录等)和驾驶人反映的车辆使用技术状况(包括汽车动力性、异响、转向、制动及燃料、润料消耗等)确定所需检测项目,依据检测结果及车辆实际技术状况进行故障诊断,从而确定附加作业。附加作业项目确定后与基本作业项目一并进行二级维护作业。二级维护过程中要进行过程检验,过程检验项目的技术要求应满足有关的技术标准或规范;二级维护作业完成后,应经维护企业进行竣工检验,竣工检验合格的车辆,由维护企业填写《汽车维护竣工出厂合格证》后方可出厂。

二级维护作业流程图如图1-3所示。

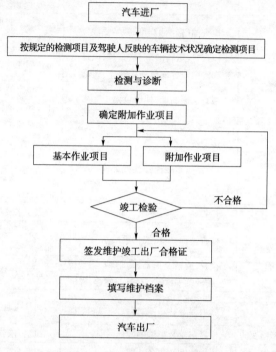

图1-3 二级维护作业流程图

2)汽车二级维护检测、诊断

对汽车二级维护检测项目进行检测时,应选用该检测项目的专用检测仪器,仪器精度须满足有关规定。

汽车二级维护检测项目的技术要求应参照国家有关的技术标准或原厂要求。

汽车二级维护检测项目见表1-2。

汽车二级维护检测项目   表1-2

序号	检测项目	序号	检测项目
1	发动机功率,汽缸压力	8	前照灯
2	汽车排气污染物,三效催化转化装置的作用	9	操纵稳定性,有无跑偏、发抖、摆头
3	电控燃油喷射系统	10	变速器,有无泄漏、异响、松脱、裂纹等现象,换挡是否轻便、灵活
4	柴油车检查供油提前角、供油间隔角和喷油泵供油压力	11	离合器,有无打滑、发抖现象,分离是否彻底,接合是否平稳
5	制动性能、检查制动力	12	传动轴,有无泄漏、异响、松脱、裂纹等现象
6	转向轮定位,主要检查前轮定位角和转向盘自由转动量	13	后桥,主减速器有无泄漏、异响、松动、过热等现象
7	车轮动平衡		

汽车二级维护附加作业项目的确定,根据检测结果进行汽车故障诊断,确定以消除汽车故障为目的的二级维护附加作业项目和作业内容,恢复汽车的正常技术状况。附加作业项目确定后与基本作业项目一并进行二级维护作业。

3)二级维护过程检验

二级维护过程中,要始终贯穿过程检验,并作检验记录。过程检验中各维护项目的技术要求,需满足相关技术标准或出厂说明书的有关规定。

4)二级维护基本作业项目

二级维护作业内容包含一级维护作业内容,二级维护基本作业项目及技术要求见表1-3。

二级维护基本作业项目及技术要求　　　　　表1-3

序号		作业项目	作业内容	技术要求
1	发动机	发动机工作状况	检查发动机起动性能和柴油发动机停机装置	起动性能良好,停机装置功能有效
			检查发动机运转情况	低、中、高速运转稳定,无异响
2		发动机排放机外净化装置	检查发动机排放机外净化装置	外观无损坏、安装牢固
3		燃油蒸发控制装置	检查外观,检查装置是否畅通,视情更换	炭罐及管路外观无损坏、密封良好、连接可靠,装置畅通无堵塞
4		曲轴箱通风装置	检查外观,检查装置是否畅通,视情更换	管路及阀体外观无损坏、密封良好、连接可靠,装置畅通无堵塞
5		增压器、中冷器	检查、清洁中冷器和增压器	中冷器散热片清洁,管路无老化,连接可靠,密封良好。增压器运转正常,无异响,无渗漏
6		发动机、起动机	检查、清洁发电机和起动机	发电机和起动机外表清洁,导线接头无松动,动转无异响,工作正常
7		发动机传动带(链)	检查空压机、水泵、发电机、空调机组和正时传动带(链)磨损及老化程度,视情调整传动带(链)松紧度	按规定里程或时间更换传动带(链)。传动带(链)无裂痕和过量磨损,表面无油污,松紧度符合规定
8		冷却装置	检查散热器、水箱及管路密封	散热器、水箱及管路固定可靠,无变形、堵塞、破损及渗漏。箱盖接合表面良好,胶垫不老化
			检查水泵和节温器工作状况	水泵不漏水、无异响,节温器工作正常
9		火花塞、高压线	检查火花塞间隙、积炭和烧蚀情况,按规定里程或时间更换火花塞	无积炭,无严重烧蚀的现象,电极间隙符合规定
			检查高压线外观及连接情况,按规定里程或时间更换高压线	高压线外观无破损、连接可靠
10		进、排气歧管、消声器、排气管	检查进、排气歧管、消声器、排气管	外观无破损,无裂痕,消声器功能良好
11		发动机总成	清洁发动机外部,检查隔热层	无油污、无灰尘,隔热层密封好
			检查、校紧连接螺栓、螺母	油底壳、发动机支撑、水泵、空压机、涡轮增压器、进排气歧管、消声器、排气管、输油泵和喷油泵等部位连接可靠
12	制动系	储气筒、干燥器	检查、坚固储气筒,检查干燥器功能,按规定里程或时间更换干燥剂	储气筒安装牢固,密封良好。干燥器功能正常,排水阀通畅
13		制动踏板	检查、调整制动踏板自由行程	制动踏板自由行程符合规定
14		驻车制动	检查驻车制动性能,调整操纵机构	功能正常,操纵机构齐全完好、灵活有效
15		防抱死制动装置	检查连接线路,清洁轮速传感器	各连接线及插接件无松动,轮速传感器清洁

续上表

序号	作业项目	作业内容	技术要求
16	鼓式制动器	检查制动间隙调整装置	功能正常
		拆卸制动鼓、轮毂、制动蹄,清洁轴承位、轴承、支承销和制动底板等零件	清洁,无油污,轮毂通气孔畅通
		检查制动底板、制动凸轮轴	制动底板安装牢固、无变形、无残损。凸轮轴转动灵活,无卡滞和松旷现象
		检查轮毂内外轴承	滚柱保持架无断裂,滚柱无缺损、脱落,轴承内外圈无裂损和烧蚀
		检查制动摩擦片、制动蹄及支承销	摩擦片表面无油污、裂损,厚度符合规定。制动蹄无裂纹及明显变形,铆钉沉入深度符合规定。支承销无过量磨损,与制动蹄轴承孔衬套配合无明显松旷
		检查制动蹄复位弹簧	复位弹簧不得有扭曲、钩环损坏、弹性损失和自由长度改变等现象
		检查轮毂、制动鼓	轮毂无裂损,制动鼓无裂痕、沟槽、油污及明显变形
		装复制动鼓、轮毂、制动蹄,调整轴承松紧度、调整制动间隙	润滑轴承,轴承位涂抹润滑脂后再装轴承。装复制动蹄时,轴承孔均应涂抹润滑脂,开口销或卡簧固定可靠。制动摩擦片与制动鼓摩擦面应清洁,无油污。制动摩擦片与制动鼓配合间隙符合规定。轮毂转动灵活且无轴向间隙。锁紧螺母、半轴螺母及车轮螺母齐全,扭紧力矩符合规定
17	盘式制动器	检查制动摩擦片和制动盘磨损量	制动摩擦片和制动盘磨损量应在标记规定或制动商要求的范围内,其摩擦工作面不得有油污、裂纹、失圆和沟槽等损伤
		检查制动摩擦片与制动盘产的间隙	制动摩擦片与制动盘之间的转动间隙符合规定
		检查密封件	密封件无裂纹或损坏
		检查制动钳	制动钳安装牢固,无油液泄漏。制动钳导向销无裂纹或损坏
18	转向系 转向器和转向传动机构	检查转向器和转向传动机构	转向轻便、灵活,转向无卡滞现象,锁止、限位功能正常
		检查部件技术状况	转向节臂、转向器摇臂及横直拉杆无变形、裂纹和拼焊现象,球销无裂纹、不松旷,转向器无裂损、无漏油现象
19		转向盘最大自由转动量	检查、调整转向盘最大自由转动量	最高设计车速不小于100km/h的车辆,其转向盘的最大自由转动量不大于15°,其他车辆不大于25°

续上表

序号	作业项目	作业内容	技术要求
20	车轮及轮胎	检查轮胎规格型号	轮胎规格型号符合规定,同轴轮胎的规格和花纹应相同,公路客车(客运班车)、旅游客车、校车和危险货物运输车的所有车轮及其他车辆的转向轮不得装用翻新的轮胎
		检查轮胎外观	轮胎的胎冠、胎壁不得有长度超过25mm或深度足以暴露出帘布层的破裂和割伤以及凸起、异物刺入等影响使用的缺陷。具有磨损标志的轮胎,胎冠的磨损不得触及磨损标志;无磨损标志或标志不清的轮胎,乘用车和挂车胎冠花纹深度应不小于1.6mm;其他车辆的转向轮的胎冠花纹深度应不小于3.2mm,其余轮胎胎冠花纹深度应不小于1.6mm
		轮胎换位	根据轮胎磨损情况或相关规定,视情进行轮胎换位
		检查、调整车轮前束	车轮前束值符合规定
21	悬架	检查悬架弹性元件,校紧连接螺栓、螺母	空气弹簧无泄漏、外观无损伤、钢板弹簧无断片、缺片、移位和变形,各部件连接可靠,U形螺栓螺母扭紧力矩符合规定
		减振器	减振器稳固有效,无漏油现象,橡胶垫无松动、变形及分层
22	车桥	检查车桥、车桥与悬架之间的拉杆和导杆	车桥无变形、表面无裂痕、油脂无泄漏,车桥与悬架之间的拉杆和导杆无松旷、移位和变形
23	离合器	检查离合器工作状况	离合器接合平稳,分离彻底,操作轻便,无异响、打滑、抖动及沉重等现象
		检查、调整离合器踏板自由行程	离合器踏板自由行程符合规定
24	变速器、主减速器、差速器	检查、调整变速器	变速器操纵轻便,挡位准确,无异响、打滑及乱挡等异常现象,主减速器、差速器工作无响
		检查变速器、主减速器、差速器润滑油液面高度,视情更换	按规定的里程或时间更换润滑油,液面高度符合规定
25	传动轴	检查防尘罩	防尘罩无裂痕、损坏,卡箍连接可靠,支架无松动
		检查传动轴及万向节	传动轴无弯曲,运转无异响。传动轴及万向节无裂损、不松旷
		检查传动轴承及支架	轴承无松旷,支架无缺损和变形

续上表

序号	作业项目		作业内容	技术要求
26	灯光导线	前照灯	检查远光灯光强度,检查、调整前照灯光束照射位置	符合 GB 7258 规定
27		线束及导线	检查发动机舱及其他可视的线束及导线	插接件无松动、接触良好。导线布置整齐、固定牢靠,绝缘层无老化、破损,导线无外露。导线与蓄电池桩头连接牢固,并有绝缘套
28	车架车身	车架和车身	检查车驾和车身	车架和车身无变形、断裂及开焊现象,连接可靠,车身平正。发动机罩锁扣锁紧有效。车厢铰链完好,锁扣锁紧可靠,固定集装箱箱体、货物的锁止机构工作正常
			检查车门、车窗启闭和锁止	车门和车窗应启闭正常,锁止可靠。客车动力启闭车门的车内应急开关及安全顶窗机件齐全
29		支撑装置	检查、润滑支撑装置,校紧连接螺栓、螺母	完好有效,润滑良好,安装牢固
30		牵引车与挂车连接装置	检查牵引销及其连接装置	牵引销安装牢固,无损伤、裂纹等缺陷,牵引锁颈部磨损量符合规定
			检查、润滑牵引座及牵引销锁止、释放机构,校紧连接螺栓、螺母	牵引座表面油脂均匀,安装牢固,牵引销锁止、释放机构工作可靠
			检查转盘与转盘架	转盘与转盘架贴合面无松旷、偏歪。转盘与牵引连接部件连接可靠,转盘连接螺栓应紧固,定位锁无松旷、无磨损,转盘润滑
			检查牵引钩	牵引钩无裂纹及损伤,锁止、释放机构工作可靠

5)二级维护竣工检验

汽车在维修企业进行二级维护后,必须进行竣工检验;各项目参数符合国家或行业及地方标准;竣工检验合格的车辆填写维护竣工进厂合格证后方可出厂。检验不合格的车辆应进行进一步的检验、诊断和维护,直到达到维护竣工技术要求为止。

二级维护竣工检验项目及技术要求见表1-4。

二级维护竣工检验项目及技术要求　　　　　　　表1-4

序号	检验部位	检验项目	技术要求	检验方法
1	整车	清洁	全车外部、车厢内部及各总成外部清洁	检视
2		紧固	各总成外部螺栓、螺母坚固,锁销齐全有效	检查
3		润滑	全车各个润滑部位的润滑装置齐全,润滑良好	检视
4		密封	全车密封良好,无漏油、无漏液和无漏气现象	检视
5		故障诊断	装有车载诊断系统(OBD)的车辆,无故障信息	检测
6		附属设施	后视镜、灭火器、客车安全锤、安全带、刮水器等齐全完好、功能正常	检视

续上表

序号	检验部位	检验项目	技术要求	检验方法
7	发动机及其附件	发动机工作状况	在正常工作温度状态下,发动机起动三次,成功起动次数不少于两次,柴油机三次停机均应有效,发动机低、中、高速运转稳定、无异响	路试或检视
8		发动机装备	齐全有效	检视
9	制动系	行车制动性能	符合 GB 7258 规定,道路运输车辆符合 GB 18565 规定	路试或检测
10		驻车制动性能	符合 GB 7258 规定	路试或检测
11	转向系	转向机构	转向机构各部件连接可靠,锁止、限位功能正常,转向时无运动干涉,转向轻便、灵活,转向无卡滞现象	检视
			转向节臂、转向器摇臂及横直拉杆无变形、裂纹和拼焊现象,球销无裂纹、不松旷,转向器无裂损、无漏油现象	
12		转向盘最大自由转动量	最高设计车速不小于 100km/h 的车辆,其转向盘的最大自由转动量不大于 15°,其他车辆不大于 25°	检测
13	行驶系	轮胎	同轴轮胎应为相同的规格和花纹,公路客车(客运班车)、旅游客车、校车和危险品运输车的所有车轮及其他机动车的转向轮不得装用翻新的轮胎,轮胎花纹深度及气压符合规定,轮胎的胎冠、胎壁不得有长度超过 25mm 或深度足以暴露出帘布层的破裂和割伤以及凸起、异物刺入等影响使用的缺陷	检查、检测
14		转向轮横向侧滑量	符合 GB 7258 规定,道路运输车辆符合 GB 18565 规定	检测
15		悬架	空气弹簧无泄漏、外观无损伤。钢板弹簧无断片、缺片、移位和变形,各部件连接可靠,U 形螺栓螺母扭紧力矩符合规定	检查
16		减振器	减振器稳固有效,无漏油现象,橡胶垫无松动、变形及分层	检查
17		车桥	无变形、表面无裂痕,密封良好	检视
18	传动系	离合器	离合器接合平稳,分离彻底,操作轻便,无异响、打滑、抖动和沉重等现象	路试
19		变速器、传动轴、主减速器	变速器操纵轻便,挡位准确,无异响、打滑及乱挡等异常现象,传动轴、主减速器工作无异响	路试
20	牵引连接装置	牵引连接装置和锁止机构	汽车与挂车牵引连接装置连接可靠,锁止、释放机构工作可靠	检查
21	照明、信号指示装置和仪表	前照灯	完好有效,工作正常,性能符合 GB 7258 规定	检视、检测
22		信号指示装置	转向灯、制动灯、示廓灯、危险报警灯、雾灯、喇叭、标志灯及反射器等信号指示装置完好有效	检视
23		仪表	各类仪表工作正常	检视
24	排放	排气染物	汽油车采用双怠速法,应符合 GB 18285 规定。柴油车采用自由加速法,应符合 GB 3847 规定	检测

(二)不定期维护

1. 走合维护

走合维护是指新车或大修后的车辆开始投入运行的最初阶段所做的维护。在此期间,零件表面不平的部分被磨去,逐渐形成了比较光滑、耐磨而可靠的工作表面,以承受正常的工作负荷。同时,通过磨合可暴露出一些制造或修理中的缺陷并及时加以消除,使汽车在正常使用阶段时的故障率趋于较低水平。

2. 换季维护

由于冬、夏两季的温差大,为使车辆在冬、夏两季的合理使用,在换季之前,应结合定期维护,并附加一些相应的项目,使汽车适应气候变化后的使用条件。

3. 封存维护

车辆封存要定期进行维护。封存时间超过两个月的,在启封恢复行驶前,应进行一次维护作业,检验合格后方可参加运营。

任务实施

(1)网上查阅《机动车运行安全技术条件》(GB 7258—2012)中关于车辆维护的相关内容,并做好摘录。

《机动车运行安全技术条件》(GB 7258—2012)中关于车辆维护的相关内容。

(2)根据《汽车维护、检测、诊断技术规范》(GB/T 18344—2016)中关于车辆一级维护的作业内容,结合你所实训车辆的实际情况,列出哪些检查项目是你可以进行操作和实施的。

(3)参照二级维护竣工检验表,结合你所实训车辆的实际情况,填写下表(表1-5)。

表1-5

序号	检测部位	检测项目	检查方法	检查结果
1	整车	(1)清洁	检视	
		(2)面漆	检视	
		(3)对称	汽车平置检查	
		(4)紧固	检查	
		(5)润滑	检视	
		(6)密封及电器	检视	
		(7)前照灯、信号、仪表、刮水器、后视镜等装置	检视	
2	发动机	(1)发动机工作状况	路试	
		(2)发动机功率	检测	
		(3)发动机装置	检视	
3	离合器	(1)踏板自由行程	检测	
		(2)离合情况	路试	
4	转向系统	(1)转向盘最大转动量	检查	
		(2)横直拉杆装置	检查	
		(3)转向机构	检测	
		(4)前束及最大转向角	检测	
		(5)侧滑	检测	

续上表

序号	检测部位	检测项目	检查方法	检查结果
5	传动系	变速器、传动轴、主减速器	路试	
6	行驶系统	(1)轮胎	检查	
		(2)钢板弹簧	检查	
		(3)减振器	路试	
		(4)车架	检查	
		(5)前后轴	检查	
7	制动系统	(1)制动性能	路试或检测	
		(2)制动踏板自由行程	检查	
		(3)驻车制动性能	路试和检测	
8	滑行	滑行性能	路试或检测	
9	车身、车厢	车身	检查	
10	排放	尾气排放测量	检测	
11	结果分析检查结论			

任务二　营运客车维护知识

为了保证客车的安全运营,营运客车必须按照相关的法律法规和车辆的《使用说明书》合理地使用、维护客车。同一辆客车由于用户使用、维护程度的不同,其运营的可靠性和安全性差别很大。车辆维护得合理、科学,车辆的运营质量和使用寿命才能得到有效保证和延长,同时科学地维护车辆,不仅能保证车辆的正常运营,而且能够提高它的安全系数,保障乘客的生命财产安全。客车的正常运营和安全行驶才会使企业或车主获得最佳的经济效益和社会效益。

一、营运客车维护要求

我国交通运输部《关于修改〈道路旅客运输及客运站管理规定〉的决定》已于2012年11月27日经第9次部务会议通过,并自公布之日施行。决定中第三章、第三十四条明确规定:客运经营者应当依据国家有关技术规范对客运车辆进行定期维护,确保客运车辆技术状况良好。客运车辆的维护作业项目和程序应当按照国家标准《汽车维护、检测、诊断技术规范》(GB/T 18344—2016)等有关技术标准的规定执行;第三十五条 客运经营者应当定期进行客运车辆检测,车辆检测结合车辆定期审验的频率一并进行。客运经营者在规定时间内,到符合国家相关标准的机动车综合性能检测机构进行检测。机动车综合性能检测机构按照国家标准《道路运输车辆综合性能要求和检验方法》(GB 18565—2016)和《汽车、挂车及汽车列车外廓尺寸、轴荷及质量限值》(GB 1589—2016)的规定进行检测,出具全国统一式样的检测报告,并依据检测结果,对照行业标准《道路运输车辆技术等级划分和评定要求》

（JT/T 198—2016）进行车辆技术等级评定。客运车辆技术等级分为一级、二级和三级。

对于营运客车维护的具体要求如下。

（1）客运企业驾驶人必须按国家或行业有关规定的行驶里程或间隔时间,对车辆进行维护作业,进口车辆及特种车辆按出厂说明书的规定执行。各级交通行政管理部门归口管理辖区内公路运输车辆的维护工作,各级公路运输管理机构负责组织实施。

（2）车辆维护应贯彻预防为主,强制维护的原则。经常保持车容整洁;及时发现和消除故障隐患,防止车辆早期损坏;减少机件磨损,延长车辆使用寿命。保持车辆良好的技术状况可以满足运输生产需要,增加产量,提高效益。

（3）车辆维护必须遵照规定的行驶里程或间隔时间,按期强制执行,即必须严格按规定周期进行维护作业,不应随意延长或提前进行作业。各级维护的作业项目和作业周期的规定,应根据车辆结构性能、使用条件、故障规律、配件质量以及经济效果等情况综合考虑。随着运行条件的变化和新工艺、新技术的采用,维护项目和维护周期经公路运输管理机构同意后,可及时进行调整。

（4）车辆维护作业主要包括清洁、检查、补给、润滑、紧固、调整等。因此,除主要总成发生故障,必须解体（拆开进行检查、测定、处理等）的情况外,车辆维护作业不得对总成进行解体,以免浪费人力、物力,延长作业时间,影响总成或部件的正常技术状况。

（5）如果运输单位和个人不具备相应的维护能力时,其运输车辆应在交通运输管理部门认定的维修厂进行维护,并建立维护合作关系,以保证车辆维护质量和按期维护,避免影响或延误运输生产。维修厂必须认真进行维护作业,确保维护作业时间,尽量缩短维护时日。车辆维护作业完成后,应将车辆维护的级别、项目等内容填入车辆技术档案,并签发合格证。

二、营运客车的维护周期

1. 日常维护的周期

出车前,行车中,收车后。

2. 一级维护、二级维护的周期

营运客车一、二级维护周期的确定,应以汽车行驶里程为基本依据。汽车一、二级维护行驶里程依据车辆使用说明书的有关规定,同时依据汽车使用条件的不同,由省级交通行政主管部门制定相应的维护标准。

以营运客车为例,一级维护的间隔里程如下：

（1）中级以下客车一级维护周期:2000～2500km。

（2）中级以上客车一级维护周期:3000～3500km,如宇通 ZK6113（图1-4）等车型。

（3）高级以上进口底盘客车一级维护周期:4000～4500km,如合肥现代 HK6900（图1-5）、HK6112;尼奥普兰客车（图1-6）。

二级维护:山区(含高原)11000±1000km,平原(含丘陵)14000±1000km。合资车根据说明书要求进行维护。如合肥现代 HK6900 系列客车二级维护间隔里程为3万～4万 km,机油更换周期为1.8万～2.0万 km;沃尔沃 B10（图1-7）型客车二级维护间隔里程为10万～12万 km,机油更换周期为2.0万 km。

对于不便用行驶里程统计、考核的汽车,可用行驶时间间隔确定一、二级维护周期。其中一级维护为一个月,二级维护为半年,其时间(天)间隔可依据汽车使用强度和条件的不同,参照汽车一、二级维护里程周期确定。

图1-4 中级客车宇通 ZK6113

图1-5 高级客车现代 HK6900

图1-6 进口客车尼奥普兰

图1-7 沃尔沃 B10 客车

三、典型客车一级维护的作业内容

各类客车一级维护作业规程见表1-6。

各类客车一级维护作业规程　　　　表1-6

序号	维护部位	作业项目	技术要求
1	发动机机油	检查油位、油质	润滑油不变质,油位在规定刻线内
2	空气滤清器	(1)检视空气滤清器及管路连接件密封、紧固情况 (2)检视、清洁空气滤清器	(1)压降指示器不应呈现红色 (2)清洁空气滤清器,清洁时应注意压缩空气压力和吹气距离 (3)空气滤清器及连接管路密封、紧固可靠
3	传动皮带	(1)检查皮带外观及磨损情况 (2)调整皮带松紧度	(1)皮带无异常磨损,表面无龟裂和老化 (2)皮带松紧度符合各车型出厂标准
4	冷却装置	(1)检查、补充冷却液 (2)检查、紧固散热器、膨胀箱、风扇、水管	(1)液位在规定刻度线之间 (2)各部连接件完好、紧固、密封良好
5	供油装置	(1)检查油箱、清洁燃油滤清器 (2)检查系统密封状况,紧固各部连接螺栓	(1)滤清器外部清洁、无渗漏、不堵塞,对油水分离器进行排污 (2)油箱无裂纹、渗漏 (3)系统连接紧固、密封良好
6	发动机支承垫	检查发动机支承垫紧固情况	发动机支承垫连接可靠

续上表

序号	维护部位	作业项目	技术要求
7	排气装置	(1) 检查排气管理、消声器、支架及胶垫的状况 (2) 检查、紧固连接螺栓	(1) 各件完好,连接紧固 (2) 排气无异响
8	离合器	(1) 检查离合器液位和系统密封性 (2) 检查离合器工作情况 (3) 检查离合器主副油缸工作行程	油位在规定刻度线之间,液压助力系统无渗漏,踏板工作正常,无沉重感,离合器主副油缸工作可靠,行程、间隙符合各车型出厂要求
9	变速器、主减速器	(1) 检查、紧固各部连接螺栓及密封情况 (2) 检查、添加变速器、主减速器润滑油 (3) 清洁、疏通通气孔	(1) 各部连接螺栓紧固可靠,无渗漏 (2) 变速器、主减速器润滑油清洁不变质,且油面高度符合原车要求 (3) 通气孔清洁、畅通
10	传动轴	检查万向节、花键、承载轴承及托架磨损和连接情况及凸缘大螺母紧固情况	花键无严重磨损,万向节不松动,轴承、托架完好,各部连接紧固,转动平衡、无异响
11	转向机构	(1) 检查转向助力泵油位及油路 (2) 检查转向装置、球形节和滑套接头连接情况 (3) 检查、调整转向盘、转向轴 (4) 检查横、直拉杆球接头连接情况	(1) 油位在规定刻度内、泵体和油路各部密封 (2) 球形节和滑套接头不松旷、无严重磨损,转向装置扣部件连接紧固 (3) 转向盘、转向轴高度调节功能有效,锁止可靠 (4) 横、直拉杆球头不松旷,各部锁止装置齐全、有效
12	制动装置	(1) 检查制动装置工作情况 (2) 检查储气筒紧固情况并排除积水 (3) 检查系统密封、连接状况 (4) 检查 ABS 工作情况	(1) 储气筒紧固可靠、无污水、密封可靠 (2) 发动机以 1000r/min 运转,应在 12min 内制动气压由 0.2MPa 上升到 0.4MPa (3) 检查管路各接头无漏气 (4) 各制动气塞连接锁止装置齐全有效 (5) ABS 工作正常
13	钢板、减振器及空气弹簧,平衡杆	(1) 检查钢板的断裂情况及各连接螺栓的紧固情况 (2) 检查减振器是否完好及紧固 (3) 检查空气弹簧工作情况及弹簧座的紧固情况 (4) 高低阀的紧固及密封情况 (5) 检查平衡杆紧固情况	(1) 钢板无裂纹、钢板销无松旷及各连接螺丝无松旷 (2) 减振器无漏油、连接无松旷 (3) 空气弹簧无磨蚀,不漏气,空气弹簧座紧固可靠 (4) 高低阀固定可靠,无漏气 (5) 平衡杆连接牢固无松旷
14	前后轮轴承	(1) 检查、调整前后轮轴承松紧度 (2) 检查半轴螺栓紧固情况	(1) 轴承运转无异响,前、后轮轴承间隙为 0.04~0.12mm (2) 半轴螺栓齐全、紧固可靠

续上表

序号	维护部位	作业项目	技术要求
15	轮胎与轮辋	(1)检查轮辋外观及轮胎磨损情况 (2)检查轮胎气压 (3)检查轮胎螺栓紧固情况 (4)检查备胎及支架	(1)轮辋无裂纹与变形 (2)轮胎无损伤,花纹深度前、后轮不得低于5mm、3mm,充气按各厂牌标准执行 (3)轮胎螺栓紧固可靠 (4)备胎支架安装牢固,升降器灵活有效
16	车门、行李舱盖	检查、润滑、调整行李舱盖、车门	开闭灵活、锁止可靠
17	风窗玻璃	检视	玻璃完好、安装可靠、密封良好
18	底板、地板	检查	无破损、锈蚀
19	蓄电池	检查、清洁、添加电解液	液位符合要求,外表和极柱清洁、接线可靠,通气孔畅通;蓄电池规定架完好、安装牢固
20	照明设备、仪表、信号装置、刮水器	检查	照明设备、仪表和信号装置齐全、完好、工作有效;刮水器电动机工作无异响,刮片完好、摆角符合要求
21	发动机、起动机及线束	检查	工作正常、紧固可靠,线束固定可靠,无破损和搭铁现象
22	空调系统	检查密封及工作状况	密封良好、工作正常
23	座椅及安全带	检查、紧固	(1)座椅固定螺栓、调速装置、导轨及枢轴点完好,连接紧固 (2)安全带无破损,牢固
24	应急门、应急锤	检查、润滑	启闭灵活、配置齐全
25	灭火器	检查	齐全、有效
26	润滑	对各润滑点进行润滑	(1)传动轴、过桥等高速轴承使用润滑脂为复式2号锂基润滑脂 (2)其他润滑点使用润滑脂为普通2号锂基润滑脂 (3)各润滑点的润滑嘴齐全有效
27	全车各锁止装置	检查	各锁止装置齐全可靠
28	全车	检查(五漏)	全车不漏油、不漏水、不漏气、不漏电、不漏尘

四、典型客车二级维护的作业内容

以沃尔沃B10m型客车为例,其二级维护作业项目及作业规程见表1-7。

沃尔沃B10m型客车二级维护工艺规程表　　　表1-7

序号	维护部位	作业项目	技术要求
1	发动机机油机油滤清器	(1)更换机油 (2)更换机油滤清器 (3)检查机油压力	(1)机油规格为SAE15W40~CG-4/CF-4 (2)润滑油总量(包括机油滤清器)约为48L;液面高度应在曲轴箱加油罐上液位高度标线"max"与"min"之间

续上表

序号	维护部位	作业项目	技术要求
1	发动机机油 机油滤清器	(1)更换机油 (2)更换机油滤清器 (3)检查机油压力	(3)机油滤清器在安装前应注入机油,并在密封圈上抹一层机油,总成安装固定可靠,密封良好,无堵塞;起动发动机至中高速,检查无漏油 (4)机油压力指示值,急速(500r/min)时为0.05MPa,报警压力不小于0.05MPa
2	空气滤清器	(1)清洁空气滤清器或更换滤芯 (2)清除灰尘排放内的污物 (3)检查进气管路、凸缘连接件及卡箍	(1)清洁空气滤清器滤芯;视情更换 (2)空气滤清器密封良好,安装牢固、可靠 (3)空气滤清器外壳清洁,内部无灰尘和污物 (4)进气管路不漏气,连接件及卡箍牢固
3	燃油箱油管 燃油滤清器	(1)检查燃油箱及排放燃油箱的杂质 (2)检查燃油管及接头 (3)视情更换燃油滤清器 (4)检测输油泵及供油压力	(1)油箱无裂纹,安装牢固 (2)在排放凝结水和杂质前应停放数小时,将旋塞拧松几圈,使燃油流出,直到杂质被排净为止(排油旋塞不可卸下) (3)油管固定可靠、无裂纹,接头无渗漏 (4)更换燃油滤清器前先擦净滤清器托架外部的灰尘,以免安装时进入灰尘,安装时先将滤清器拧至密封环与支架接触,然后用手拧紧半圈即可,起动后应无渗漏;两只滤清器必须同时更换 (5)输油泵工作正常,燃油系统供油压力为0.1MPa
4	喷油器 喷油泵 油量控制机构	(1)检查喷油器、喷油泵 (2)检查油量控制机构 (3)调整急速 (4)检测排放状况	(1)喷油器安装牢固、无渗漏、各缸工作正常 (2)喷油器连接螺栓紧固,泵体密封良好 (3)喷油泵密封可靠 (4)踩压踏板应感觉平滑,松开后能返回到低急速位置,复位弹簧定位可靠;喷油泵应能提供最大喷油量 (5)急速标准值:低急速为550r/min;额定最高转速为2450~2550r/min (6)排放符合国家排放标准
5	曲轴箱通风装置	检查、清洁	工作有效,连接可靠,无漏气,止回阀工作可靠
6	冷却系统	(1)检查散热器,膨胀水箱、风扇罩、软管 (2)检查水泵 (3)检查冷却液,视情补充冷却液	(1)散热器叶片外表清洁、无变形;风扇罩、膨胀水箱安装牢固、无渗漏 (2)所以软管无硬化、破裂,连接紧固、无渗漏 (3)水泵无异响,无渗漏 (4)不能混入不同型号的冷却液,每年更换一次 (5)液位传感器工作灵敏、准确,感应部位清洁,接口牢固 (6)液压油箱液位符合要求;液压油规格为8#液压油,总量为33L,液压油滤芯每年更换一次 (7)风扇转速通常要比发动机转速高25%~30%

续上表

序号	维护部位	作业项目	技术要求
6	冷却系统	(4)检查液位传感器 (5)检查液压风扇油位、液压泵、液压马达、驱动机构	(8)液压泵、液压马达运转无异响,连接可靠 (9)输出轴橡胶连接节无严重磨损、损坏 (10)液压油管牢固可靠、无渗漏 (11)承载轴承无异响、松动
7	发动机传动带	(1)检查传动带及带轮 (2)调整传动带挠度	(1)传动带应无异常磨损,表面无龟裂、老化 (2)50N·m力压皮带,挠度为:液压泵皮带6~7mm;发电机皮带8~9mm;空调机皮带10mm
8	增压器 中冷器 进气导管 软管	(1)检查增压器工作情况 (2)检查增压器油管 (3)检查进气导管和软管 (4)检查中冷器	(1)增压器叶轮应清洁、无损伤、转动灵活、旋转无异响 (2)增压器壳体应固定良好 (3)增压器油路应无损伤、渗漏 (4)空气滤清器与增压器的进气导管和软管无故障,如进气软管螺旋钢丝损坏必须更换 (5)中冷器工作良好
9	进排气歧管 消声器 排气管	检查进排气管路、消声器、支架及胶垫的状况	(1)进排气歧管、消声器无裂纹,连接紧固,无漏气现象 (2)进排气歧管垫完好 (3)各部螺栓紧固
10	发动机支架	检查、紧固	发动机支架无变形和裂纹,连接牢固,支架连接螺栓拧紧力矩为80N·m
11	离合器	(1)检查离合器液压油、油位和系统密封性 (2)检查离合器工作情况、调整踏板自由行程 (3)检查离合器摩擦片磨损情况	(1)离合器液压油规格为TOD4;更换周期为每年一次 (2)离合器液压油液位在刻度线之内,无渗漏 (3)离合器踏板自由行程为5~8mm (4)离合器接合平稳,无抖动和异响 (5)离合器片磨损指示位置应在标准范围内
12	变速器 主减速器	(1)检查齿轮箱密封状况,紧固各连接螺栓 (2)检查齿轮箱、主减速器油位、油质和通风 (3)检查变速器操纵性能	(1)齿轮箱、主减速器无渗漏,各部连接紧固 (2)油位在规定范围内,油质良好,通风管接口可靠、清洁、畅通,润滑油规格为SAE85W/140;换油周期为半年 (3)各挡操纵机构灵活、平衡
13	传动轴	(1)检查万向节 (2)检查花键磨损状况 (3)检查承载轴承与托架 (4)紧固各部连接螺栓	(1)万向节无过度磨损,连接不应有松动 (2)花键无过度磨损,传动轴运转不松旷,不失衡 (3)轴承润滑良好,运动无异响;固定支架与橡胶护圈完好,固定可靠 (4)各连接螺栓紧固、可靠
14	转向系统	(1)检查转向器助力泵及油路 (2)检查油位、油质 (3)检查转向器、横直拉杆、球形节	(1)转向助力泵及油路不应有漏油现象 (2)油位在油尺的刻度线内,油质良好,液压油规格为10#航空液压油,液压油总量为4L,转向助力油滤芯每运转20万km更换

· 18 ·

续上表

序号	维护部位	作业项目	技术要求
14	转向系统	(4)检查转向柱调节器 (5)检查转向盘自由转动量 (6)检查转向盘、转向轴、万向节、角传感器 (7)检查转向节主销配合间隙	(3)转向装置转动无异响,球形节和滑套无严重磨损,球形节、防尘套密封可靠 (4)转向柱调节器功能有效,锁止可靠 (5)转向盘自由转动量:不大于10°～15° (6)十字轴、万向节连接坚固,运转无异响;转向轴滑套接头游动间隙为1.5mm,角传动器注油至规定油位,液压油规格为10#航空液压油 (7)主销与衬套的间隙不大于0.2mm
15	车轮定位	检查、调整前轮定位	(1)前轮定位准确 (2)前束值为0～3mm (3)前轮转向角:内轮为51°,外轮为42°±0.5°
16	前后轮制动	(1)拆卸、清洁、检查各零部件 (2)检查制动片、制动鼓磨损情况 (3)检查制动蹄销、制动凸轮、制动滚轮磨损情况 (4)检查制动蹄及复位弹簧 (5)装复、润滑总成,调整轮毂间隙 (6)检查自动间隙调节器,测量制动杠杆行程 (7)更换前、后轮毂润滑油(脂)	(1)各零部件完好、清洁 (2)前后制动摩擦片无裂纹、铆接可靠,标准厚度为12mm,磨损极限为4mm;前后制动鼓无裂纹,标准直径为393.7mm,磨损极限为402mm,圆度为0.125mm,制动鼓与制动蹄间隙为0.30～0.35mm (3)制动蹄销、制动凸轮、制动滚轮无明显磨损 (4)制动间隙调整装置工作正常;制动气室杠杆行程前轮为25～35mm,后轮为30～40mm (5)制动蹄无变形及裂纹,复位弹簧性能良好,无明显变形 (6)前轮毂润滑油规格为SAE15W/40.CG级,更换量为0.3L;后轮毂润滑脂用带有EP添加剂和NLGI-2号锂基润滑脂;同时拆检、清洁轮毂轴承和半轴
17	制动控制阀 制动气室 继动阀	(1)检查制动控制阀、继动阀及其工作效能 (2)检查制动踏板自由行程	(1)制动控制阀、制动气室、感载阀、继动阀无漏气、工作正常 (2)制动效能良好 (3)制动踏板自由行程为2～4mm
18	空气压缩机 储气筒 空气干燥器	(1)检查空气压缩机密封状况、紧固连接螺栓 (2)检查空气压缩机增压时间 (3)检查并排放储气筒内积水 (4)测试空气干燥器排放阀排气压力	(1)空气压缩机安装牢固、密封良好 (2)发动机以1000r/min运转1～2min,制动气压应从0.2MPa上升到0.4MPa (3)储气筒内无积水,每年更换一次干燥器 (4)空气干燥器排放阀排气压力为1.18～1.28MPa
19	驻车制动 闭锁阀	检查驻车制动装置工作状况	(1)驻车制动装备工作有效,无渗漏 (2)制动系统压力降低到0.34～0.4MPa时,闭锁阀应工作,驻车制动自动实施

续上表

序号	维护部位	作业项目	技术要求
20	电磁缓速器 ABS/ASR控制系统 排气制动系统	(1)检查电磁缓速器工作效能 (2)检视ABS/ASR故障指示灯 (3)检查排气制动装置工作状况	(1)电磁缓速器各挡位工作均有效 (2)ABS/ASR故障指示灯显示正常,车速为78km/h时,ABS故障指示灯应熄灭 (3)排气制动装置工作时作用明显
21	悬架装置	(1)检查空气弹簧密封性能与高度 (2)检查调平阀固定装置 (3)检查减振器密封状况及固定状况 (4)检查扭力杆、反力杆和稳定杆外观及连接状况 (5)检查车身离地高度控制系统密封性及系统功能	(1)空气弹簧及管接头不漏气,空气弹簧高度:前桥为239mm±3mm (2)调平阀固定,调整杆无弯曲,连接可靠 (3)减振器无漏油,衬套完好,支架不松旷,固定可靠 (4)各杆件无变形,橡胶密封套完好,不松旷,固定可靠 (5)车身离地高度控制系统升降功能完好
22	车轮	(1)检查轮辋及轮胎磨损情况 (2)检查轮胎气压 (3)进行车轮动平衡 (4)视情进行轮胎换位	(1)轮辋无变形、裂纹,胎面无异常磨损 (2)车轮动不平衡质量<50g (3)轮胎螺栓紧固力矩为625N·m (4)轮胎安装必须按对角顺序进行 (5)轮胎气压符合所选轮胎规定的标准 (6)视情进行轮胎换位 (7)前轮胎5mm,后轮胎3mm
23	应急出口	检查	应急出口标志应在正确位置,敲击锤摆放正确
24	蓄电池	(1)清洁外壳及极柱、通气孔 (2)检查电解液液面高度 (3)测量蓄电池端电压	(1)蓄电池清洁,支架完好,安装牢固,极柱不腐蚀,导线连接可靠,通气孔畅通 (2)液面高度符合规定 (3)用高压放电计检测时,蓄电池的端电压不低于10V
25	前照灯、仪表 喇叭、刮水器 洗涤装置 全车电器线路 检查车内灯	检查、调整,必要时更换	(1)前照灯、喇叭、各仪表及信号装置功能齐全、有效,符合国家标准 (2)刮水器、洗涤装置工作正常,连接杆连接可靠,间隙挡位工作状况符合原厂设计要求,刮片工作正常 (3)全车线路整齐,插接、连接、固定、卡位可靠,绝缘良好 (4)车内灯有效,控制符合要求
26	发电机 发电机调节器	检查工作状况	(1)发电机安装可靠,运转无异响 (2)发动机转速1000r/min时,输出电压应达到26~28V
27	起动机 起动预热器	(1)检查起动机工作情况 (2)检查起动预热器的工作情况	(1)起动机连接紧固,运转无异响,不打滑 (2)起动预热器,当冷却液温度高于40℃时不能接通,温度约为−10℃时,最大接通时间为50s

· 20 ·

续上表

序号	维护部位	作业项目	技术要求
28	风窗玻璃 车门 行李舱盖 车架 车身	(1)检查乘车门 (2)紧固、润滑、密封 (3)检查舱门、支撑杆或气弹簧 (4)检查内、外视镜 (5)检查、清洁前后风窗和侧窗玻璃 (6)检查车身外表有无脱漆、裂纹、图案、字体、厂标是否齐全 (7)外蒙皮 (8)保险杠、拖车装置 (9)发动机舱罩 (10)检查车架 (11)检查整车外观	(1)车门锁止功能良好、可靠,开关自如,开关速度调整正常,终端时减慢,缓冲器工作有效,门饰完好、清洁 (2)密封胶条齐全有效 (3)玻璃升降器升降灵活,不卡滞 舱门锁止功能良好,支撑杆或气弹簧工作有效 内、外视镜齐全,无裂纹,功能良好,镜面清洁,安装牢固可靠,调整后可靠定位 玻璃完整清洁,无裂纹,密封良好,侧窗拉动灵活,锁扣可靠 (4)车身油漆无裂纹、脱漆,补漆颜色与原车一致 (5)图案、字体、厂标清晰、齐全 无凹凸翘起,无锈蚀、脱焊、脱铆、开裂 不走形,无开裂,不松旷,固定可靠 开启灵活,不变形,锁止可靠,隔热、隔音措施有效 无变形、裂纹、开焊,连接螺栓、铆钉紧固可靠,各装载、支撑件紧固可靠 车体应周正,车体外缘左右对称部位高度差:不大于20mm
29	座椅 地板 安全带 车内设施	(1)检查驾驶员座椅 (2)检查乘客座椅、扶手踏板、铺位、鞋盒 (3)检查冷风通气道、空调出风口、内行李架、照明设备 (4)检查换气装置 (5)检查安全设备 (6)检查内顶、座椅套、地板、地毯、检视孔盖、窗帘等内饰 (7)检查倒车监视系统	安装牢固,调节机构灵活,锁止功能有效、可靠 座椅安装可靠、牢固,调节机构功能良好,锁止可靠 装可靠,无松旷,功能良好、有效,无堵塞 安装牢固,工作正常 (1)驾驶人安全带性能良好、有效,无裂纹、毛边、连接可靠 (2)灭火器、应急锤齐全、有效 内饰清洁、齐全,安装牢固,密封良好,功能有效,地板平整,不翘曲、不破损、无锈蚀 系统功能有效,显示图像清晰
30	饮水机	检查饮水机、冰箱	无泄漏,安装牢固可靠,工作正常
31	空调装置	(1)检查空调压缩机传动带松紧度和表面情况 (2)检查电磁离合器、加注润滑脂 (3)检查空调顶盖 (4)检查空调管路 (5)检查清洁冷凝器、蒸发箱、进风口滤网 (6)检查系统工作状况 (7)检查制冷剂量 (8)检查控制装置 (9)检查过桥轮、支架	(1)松紧适宜,传动带无裂纹、褶皱和变形及过量磨损 (2)工作正常,润滑良好 (3)安装牢固、可靠 (4)无泄漏,固定可靠 (5)清洁,无污物,安装可靠 (6)系统冷却效果良好,在规定的时间内,车内外温度符合原车设计要求 (7)符合规定,必要时添加 (8)安装牢固,工作可靠、正常 (9)过桥轮、支架完好、牢固,轴承无异响

续上表

序号	维护部位	作业项目	技术要求
32	供暖装置	(1)检查燃油、水暖管路 (2)检查暖风控制装置 (3)清洁加油器、喷油器、燃烧室、管路、暖风机、排风滤网、排气管等 (4)检查温度过高熔断器、暖风电动机、水泵电动机,起动加热器运转10min,检查系统工作情况	管路无裂纹、漏油、漏气、漏水、不漏电,接头紧固不松旷,油、水路畅通 线路连接可靠,工作良好,电器配件无破损,固定螺栓无松动 各部清洁,排气管不堵塞 工作正常,运转平稳
33	视听系统	(1)检查VCD机 (2)检查显示器、监视器 (3)检查话筒、音响设备 (4)清洗激光头或磁带机磁头 (5)检查视频线和音频线	安装可靠,工作正常 画面清晰、工作良好 工作良好 用无水酒精的脱脂棉清除灰尘 连接可靠
34	信息系统	检查信息装置	工作良好
35	卫生间	(1)清洗卫生间 (2)检查水泵及电动机 (3)检查各控制开关 (4)检查灯光及控制装置 (5)检查门锁 (6)检查储水箱、水滤器 (7)检查排污阀、污水箱	顶棚、地面、坐便器等设施卫生、清洁 安装可靠,工作正常 工作正常 工作正常 锁止可靠 无堵塞、泄漏、壳体无裂纹 工作可靠,开启正常,无泄漏
36	润滑	全车加注润滑脂的部位全部润滑	(1)润滑良好 (2)润滑脂规格为极压锂基脂00号

备注:技术参数参考《沃尔沃客车维修手册》。

任务实施

(1)查阅《中华人民共和国道路运输条例》;《汽车运输业车辆技术管理规定》;《道路旅客运输及客运站管理规定》;《汽车运输业车辆技术管理规定》中关于营运客车维护的相关内容,并做好摘录。

①《中华人民共和国道路运输条例》中关于营运客车维护要求的相关内容。

②《汽车运输业车辆技术管理规定》中关于营运客车维护要求的相关内容。

③《道路旅客运输及客运站管理规定》中关于营运客车维护要求的相关内容。

④《汽车运输业车辆技术管理规定》中关于营运客车维护要求的相关内容。

(2)在下图中填写车辆维护的周期。

①进口客车一级维护周期(图1-8)。

②二级维护周期(图1-9)。

图1-8 进口客车

一级维护周期：_____km

图1-9 客车二级维护

二级维护周期：_____km

(3)查阅你所实训车辆的《使用说明书》,列出二级维护的作业项目,编写二级维护作业规程表(表1-8)。

_____客车二级维护作业规程表　　　　　　　　表1-8

序号	维护部位	作业项目	技术要求

项目二　大客车日常维护

项目描述

汽车的寿命、动力性、经济性、安全性与平顺性等与汽车的使用过程中的维护息息相关。相同的车辆不同的驾驶人驾驶,汽车的性能不一样,同一辆车在使用中维护的好坏也决定了这辆车的综合性能。由此可见,在日常驾驶过程中对汽车的维护不但影响了汽车的各项性能,也关系到汽车的行驶安全和使用寿命。

为保障车辆安全、可靠地运行,要使车辆经常处于良好的技术状况,符合机动车安全运行技术标准,除应对车辆进行定期的检修维护外,还应结合进行预防性的日常检查维护。日常维护由驾驶人在出车前、行驶途中、收车后三个阶段进行,重点是清洁、检查和补给燃料、润料。当您的车辆准备作长途行驶或您首次接任该车驾驶时,尤为需要进行出车前的检查工作,做到掌握车辆技术状况和熟悉车辆各操纵装置。

任务一　行车前维护作业

出车前检查汽车的习惯,是保护人、车安全的必要之举,好处甚多。因此,应坚持进行出车前的维护工作。

基础知识

一、清洗汽车

1. 操作示意图(图2-1)

图2-1　清洗汽车

2. 技术要求及注意事项

技术要求:车容要整洁。

注意事项: 如果人工清洗,水枪水压一般为600~800kPa为宜;尽量不要清洗底盘,更不要淋湿发动机和电器部分。

二、驾驶室内部的检查与维护

1. 座椅周围

1）检查离合器踏板（图2-2）

（1）操作要领：用力踩下离合器踏板。

（2）技术要求：踏板能否顺利地踏下、回位。

2）检查制动踏板（图2-3）

（1）操作要领：将制动踏板踩到底后，检查制动踏板与车厢地板之间的间隙是否符合要求。

（2）技术要求：要符合《维修手册》规定。

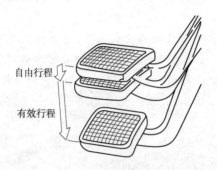

图2-2　离合器踏板

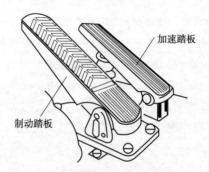

图2-3　制动、加速踏板

3）检查驻车制动器操纵杆（图2-4）

（1）操作要领：驻车制动器操纵杆拉到底之后，检查在这种情况下它的活动范围。

（2）技术要求：范围正常、符合《维修手册》规定。

4）检查转向盘、转向机构各连接部位（图2-5）

（1）操作要领：将转向盘先向一个方向转动，然后再向另一方向转动，检查转向装置和车下拉杆的工作情况；视检、手晃、试打方向。

图2-4　驻车制动器操纵杆

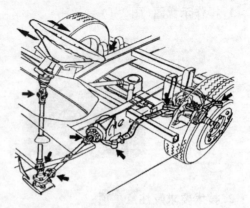

图2-5　转向盘

（2）技术要求：自由转动量一般不得超过30°；不能松旷、安装牢固可靠。

5)检查喇叭、灯光的工作状况(图2-6)

(1)操作要领:试按喇叭,在转向盘转动一周的同时按喇叭按钮,检查喇叭是否发声,同时检查音量和音调是否准确。

试用各灯光装置。

(2)技术要求:喇叭、灯光等装置应齐全、有效,安装牢固。

6)检查辅助制动装置(图2-7)

(1)操作要领:起动发动机,操作手柄或脚踏制动踏板进行测试缓速器工作性能;视查发动机排气制动装置。

(2)技术要求:工作正常。

图2-6 客车喇叭、灯光

图2-7 客车电涡流缓速器

2.发动机的运行状况

1)起动发动机,检查仪表(图2-8)

(1)操作要领:察看仪表。

图2-8 汽车仪表

(2)技术要求:仪表显示正常(即除了驻车制动器指示灯外)其他灯均应熄火(见圈中部分),且发动机无异响。

2)起动发动机,检查发动机运转情况(图2-9)

(1)操作要领:察看发动机是否能够迅速起动,顺利运转,并视、听运转情况和怠速时是否有杂音。

(2)技术要求:起动迅速、运转平稳、怠速无杂音。

3)预热发动机时,检查发动机运转情况(图2-10)

(1)操作要领:察看发动机是否有异常气味,怠速时能否持续运转,慢慢踏加速踏板,观察转速表的反应,是否产生熄火、爆震等现象,是否能够顺利运转。

图2-9 察看发动机

图2-10 预热发动机

(2)技术要求:无异味、爆震现象,运转平稳,节气门大小与转速关系正常。

3. 刮水器

1)检查风窗玻璃清洗液的喷射状态(图2-11)

(1)操作要领:打开风窗洗涤器开关,进行试喷,察看喷射方向和高度,观察喷射量是否正常。

(2)技术要求:喷射正常,符合要求。

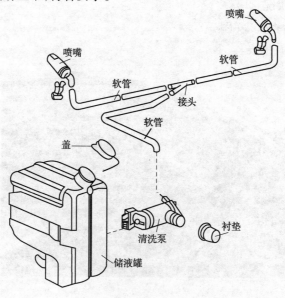
图2-11 汽车洗涤器装置

2)检查刮水器擦拭状态(图2-12)

(1)操作要领:操作刮水器,检查间歇、低速、高速各挡位下的工作状态,察看玻璃是否擦拭干净,橡胶条有没有磨损。

(2)技术要求:各挡工作正常、擦拭清洁。

注意事项:检查刮水器刮扫面积及质量前,先开启洗涤泵喷液,否则易刮坏风窗玻璃和刮水橡胶。

注意事项: 尽量避免在干燥状态下起动刮水器,否则会划伤风窗玻璃,损伤刮水器电动机。

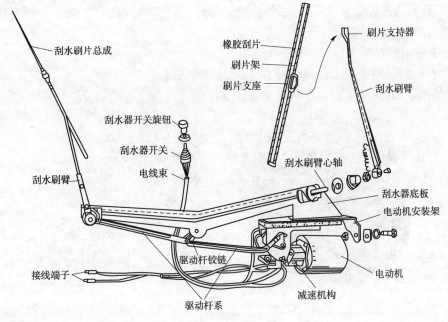

图 2-12 刮水器装置

三、发动机舱内的日常检查与维护

1. 检查车辆有无漏水、漏油、漏气、漏电现象(图 2-13)

(1)操作要领:观察汽车停放位置有无油污泄漏情况,如果发现车下有燃油、润滑油、水或其他液体时,应尽快找到泄漏的具体位置,排除泄漏故障。

(2)技术要求:应无"四漏"现象。

2. 检查发动机油量、曲轴箱内的机油量、玻璃清洗液、制动液、冷却液量(图 2-14)

(1)操作要领:察看上、下限刻度线。

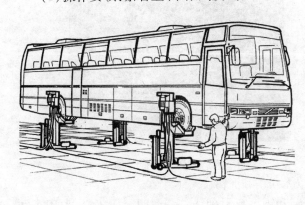

图 2-13 客车车辆

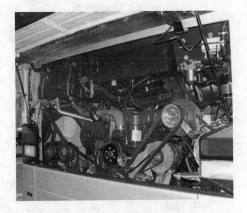

图 2-14 客车发动机舱

(2)技术要求:液体量在上限(MAX)和下限(MIN)之间。

注意事项: ①将车停在平坦的地方,在起动发动机之前或熄火几分钟后进行;②如果液体的量明显减少时,应考虑各液体是否泄漏。

注意事项:当内置油泵发动机的燃油油面下降到接近 E 位时,一般应及时补充燃油,否则油泵露出油面很容易被烧坏。

3. 检查传动带松紧度、损伤(图 2-15)

(1)操作要领:用手指压在传动带中央,视查传动带上是否有损伤。

(2)技术要求:传动带稍微弯曲为正常,无损伤。

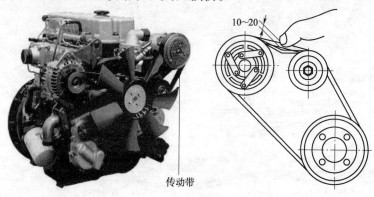

图 2-15 发动机传动带

4. 检查蓄电池(图 2-16)

(1)操作要领:检视蓄电池极柱、电缆线液面。

(2)技术要求:极柱清洁、无锈蚀,蓄电池工作液液面应在规定刻线之间。

四、车辆外部的日常检查与维护

1. 检查前照灯(近光、远光)、**转向灯、尾灯、牌照灯、制动灯、示廓灯等照明装置及灯罩**(图 2-17)

(1)操作要领:进行检视、试用。

图 2-16 客车蓄电池

图 2-17 检查汽车照明装置

(2)技术要求:各装置应齐全有效,灯罩无损伤和泥污。

注意事项:检查照明装置,可以利用墙壁和围墙反射确认。若照明装置不亮,原因往往是灯泡损坏、接线断路、接触不良、熔断丝熔断、蓄电池电量不足等。

2. 检查整车外观、油漆和腐蚀情况(图 2-18)

(1)操作要领:整车视察。

(2)技术要求:表明光洁、无损伤。
注意事项:检查时如果发现有小的擦伤或锈斑应尽快修补,以免锈蚀扩大。

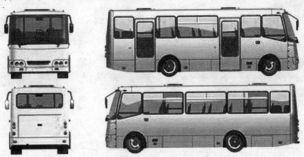

图2-18　客车外观检查

3.检查车门和发动机罩技术状况(图2-19)
(1)操作要领:开、关所有车门,进行视察。
(2)技术要求:开、关自如,锁扣应作用良好。发动机罩为保险起见,一般设有双扣锁,当第一道锁扣释放后,第二道锁应仍能扣住发动机罩。

4.检查的轮胎技术状况(图2-20)
(1)操作要领:检视、用气压量表检查气压,清洗并清除轮胎表面杂物。
(2)技术要求:气压符合规定、胎间及胎纹间无杂物。

图2-19　客车车门检查　　　　图2-20　客车轮胎

任务实施

以一辆大客车为例,进行出车前检查。

一、在发动机起动前进行的维护项目

1.检查车身外部(图2-21)
检查车身表面是否清洁_____,表面是否脱落_____;检查车门是否弯曲_____,车门开关是否卡滞_____;检查前、后车窗玻璃是否完整_____,灯光玻璃是否完整_____。

2.检视轮胎(图2-22、2-23)
检查轮胎气压是否正常_____,外表是否破损_____,磨损是否正常

_____,磨损有无超过极限_____,车轮、半轴螺栓是否松动_____。

图 2-21　车身外部　　　　　　　　　图 2-22　轮胎气压情况

图 2-23　轮胎不正常磨损

3. 检查蓄电池(图 2-24)

检查蓄电池外部是否清洁_____,电解液是否在正常刻度范围内_____,接线柱是否松动_____。

4. 检查冷却液(图 2-25)

检查水箱的存水量,是否要添加_____。

图 2-24　蓄电池检查　　　　　　　　图 2-25　冷却液加注口

5. 检查燃油油量(图 2-26)

观察燃油量表,记录油量刻度_____,不够时适时补充,有时需要摇动手油泵排出燃油系统内的空气,为起动发动机做好准备。

6. 检查发动机润滑油(图 2-27)

检查润滑油是否脏、变质_____,油面高度是否在油尺记号范围内_____。

项目二 大客车日常维护

图2-26 燃油表检查

图2-27 发动机润滑油检查

7. 检查发动机进气系统(图2-28)

检查空气进气管道是否破损、不密封＿＿＿＿＿＿＿＿＿＿，检查滤清器是否堵塞、破损＿＿＿＿＿＿＿＿＿＿。

8. 检查风扇、发电机皮带的挠度(图2-29)

检查风扇、发电机皮带的张紧力，一般用3～5kgf按下皮带，观察此时皮带的下偏移＿＿＿＿＿＿＿＿＿＿mm(因生产厂家不同，皮带挠度略有不同，具体参数参见维修手册)。

图2-28 检查发动机进气系统

图2-29 检查发动机皮带挠度

9. 检查转向机构、传动机构(图2-30)

察看转向横直拉杆、转向臂及传动系统的各连接螺栓的紧固情况：＿＿＿＿＿＿＿＿＿＿＿＿＿＿＿＿＿＿＿＿＿＿＿＿＿＿＿＿＿＿＿＿＿＿＿＿＿＿

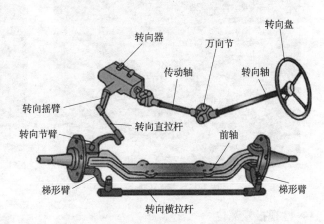

图2-30 检查转向机构、传动机构

10. 检查悬架系统（图2-31）

钢板弹簧有无断裂_____、窜位_____,紧固螺母有无松动_____;减振器即支架有无裂纹_____、有无渗漏油_____、安装是否紧固_____;空气弹簧有无损坏、松动_____,空气管路是否密封_____。

11. 检视离合器（图2-32）

踩踏离合器,检查离合器分离是否彻底、接合是否平稳_____,有无打滑、发抖、异响现象_____;检测离合器踏板自由行程_____;检视离合器密封情况,有无漏油_____。

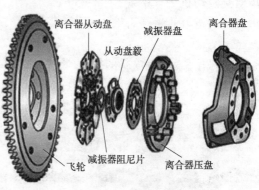

图2-31　悬架系统　　　　　　　　图2-32　离合器

12. 检查车厢内饰（图2-33）

车内座椅安装是否牢固_____、调节机构是否有效_____、安全带性能是否有效_____、扶手有无损坏_____;灭火器、应急锤、服务标牌是否齐全_____。

13. 检查车灯、后门监视器等（图2-34）

车灯玻璃、灯罩有无破损_____,车灯亮不亮_____,光束是否正常_____;监视器是否有效_____。

图2-33　车厢内饰　　　　　　　　图2-34　车灯检查

14. 检视报修部位

报修部分是否修复_____。

15. 填写好日常维护项目检查登记表

二、在发动机起动后进行的维护项目

1. 检查发动机运行状况(图 2-35)

发动机有无异响＿＿＿＿＿＿＿＿，怠速是否正常＿＿＿＿＿＿＿＿，加速性能是否正常＿＿＿＿＿＿。

2. 察看仪表板上的各仪表

机油表的读数＿＿＿＿＿＿＿＿、水温表的读数＿＿＿＿＿＿＿＿、电流表的读数＿＿＿＿＿＿、气压表的读数＿＿＿＿＿＿＿＿。

3. 检查刮水器、各种车灯、后视镜、报站器、车载机的工作情况(图 2-36)

查看各种车灯亮否＿＿＿＿＿＿＿＿＿＿＿＿＿＿＿＿＿＿＿＿＿＿，查看刮水器性能是否有效＿＿＿＿＿＿＿＿＿＿＿＿＿＿＿＿＿，报站器、车载机的工作情况＿＿＿＿＿＿＿＿＿＿＿＿＿＿＿＿＿。

图 2-35　客车

图 2-36　车灯检查

4. 检查各部件有无漏水、漏气、漏油等

燃油、机油、齿轮油、制动油、离合器液压操纵系统是否渗漏＿＿。

5. 检验驻车、行车制动器控制机构的固定和连接情况(图 2-37)

踩踏行车制动器，看是否制动自如、卡滞＿＿＿＿＿＿＿＿＿，制动性能是否有效＿＿＿＿＿＿＿＿＿；查看驻车制动器能否在 20% 正反坡度锁止可靠＿＿＿＿＿＿＿＿＿＿＿＿。

6. 检查电涡流缓速器(图 2-38)

汽车制动时，察看电涡流缓速器工作是否正常＿＿＿＿＿＿＿＿＿＿＿＿。

注意事项：一般来说，在制动气压达到规定值，冷却液的温度达到50℃后方可用一挡或二挡起步，将要起步时才可松开驻车制动开关。

图 2-37　客车底盘

图 2-38　电流缓速器

任务二　行车中维护作业

长途客车在运行过程中,由于使用时间、承受载荷、行驶速度、道路状况、燃料和润滑材料的品质、驾驶技术、环境和气温等多种因素的影响,各部机构、零件必然逐渐产生不同程度的松动、磨损和机械损伤。汽车的动力性、经济性、可靠性、安全性等可能会随之变差,如不及时进行检视、维护,汽车的使用寿命就会缩短,甚至会导致严重的安全事故发生。因此,汽车行驶一段路程后,应停车检查维护。

基础知识

一、车辆起步后,检查离合器、制动等各部分工作性能(图 2-39)

(1)操作要领:缓慢行驶一段距离,进行换挡操作。快踩离合器,看是否分离彻底;慢抬离合器,看是否结合平稳,有无打滑现象。选择中、高车速,利用"点刹车"的方法进行制定效能的检查。

(2)技术要求:满足性能要求。

注意事项:按交通规则要求,选择宽直、平坦、车流量较少的路段进行检查。并时刻注意前后左右车距,不可紧急制动。

二、在行驶中,察看车上各种仪表,擦拭各种驾驶机件(图 2-40)

(1)操作要领:起动发动机,看仪表;或在车辆行驶中,利用眼睛的余光扫视各个仪表的工作情况,从而监控车辆各系统的运行状况。

(2)技术要求:仪表显示正常,且发动机无异响、性能正常。

图 2-39　客车起步后检查离合器、转向等各性能

注意事项:特别要注意机油压力指示灯、水温表、发动机故障指示灯等一些重要仪表显示的工作情况。

三、检查发动机、底盘有无异响、异味（图2-41）

（1）操作要领：选择慢车道，放慢车速（怠速滑行，手动变速器可放空挡）耳听有无异响、鼻闻有无异味。

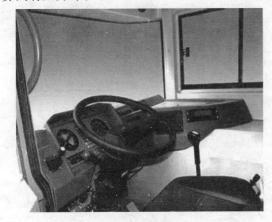

图2-40　检查各种仪表

图2-41　发动机、底盘检查

（2）技术要求：无异响、异味，运行正常。

注意事项：如发觉操纵困难、车身跳动或颤抖、机件有异响或焦臭味时，则按交通规则要求，选择合适的地点停车检查和排除。

注意事项：行驶中发动机动力突然下降，应检查是否因冷却液或机油量不足引致发动机过热所致（注意水温高时不准打开水箱盖以防烫伤）。

四、车辆行驶涉水路段后，检查其制动性能（图2-42）

（1）操作要领：踩踏制动踏板。

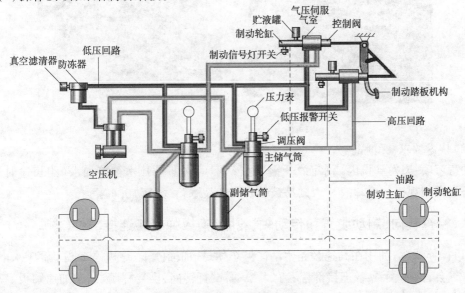

图2-42　气—液制动装置

(2)技术要求:制动有效,满足技术要求。

五、检查转向机构工作情况(图2-43)

(1)操作要领:汽车行驶中,可利用驶过弯道的机会进行检查。

图2-43 转向机构

(2)技术要求:转向灵敏、有效。

注意事项:不可猛打转向,如行驶中转向盘的操纵忽然变得沉重并偏向一侧,应检查是否因其中一边轮胎泄气所致。

六、检查客车轮胎(图2-44)

(1)操作要领:利用在高速公路生活区停车休息、加油停车、靠边停车或车辆驶入停车场停放等机会,进行检查和清理。

(2)技术要求:外表无损坏,气压、温度正常,胎间和胎纹中无杂物。

注意事项:当车辆因轮胎气压过高或过低,胎间、胎纹中有杂物而导致车辆左右摇摆、上下颠簸难以操纵时,切不可随意停车,更不能紧急制动,一定要按交通规则的要求停放车辆后,再进行检查和清理。

七、检查"四漏"(图2-45)

(1)操作要领:利用在高速公路生活区停车休息、加油停车、靠边停车或车辆驶入停车场停放等机会,通过"看、听、试、摸"等手段进行漏水、漏油、漏气、漏电现象检查。

图2-44 客车轮胎检查

图2-45 检查"四漏"

(2)技术要求:无泄漏。

注意事项:当发动机因缺水而"开锅"时,切不可立即打开水箱盖加水(跑长途时,车上最好备上相同规格的冷却液),否则易被烫伤和炸裂水箱或发动机水套。

八、检查转向、制动装置和传动轴、轮胎、钢板弹簧各连接部位(图2-46)

(1)操作要领:利用在高速公路生活区停车休息、加油停车、靠边停车或车辆驶入停车场停放等机会,检视、手晃各连接部位看有无松动,试打转向,反复踩踏、放松加速踏板、离合器以及行车制动器等踏板,看有无卡滞等现象。

（2）技术要求：满足性能要求。

注意事项：一定要按交通规则的要求停车后，方可进行检查和排除。

九、检查车轮制动器、驻车制动器有无拖滞、发咬或发热现象（图2-47）

（1）操作要领：利用靠边停车的机会，查看制动印痕，检查有无拖滞、发咬和跑偏等故障。手摸制动鼓，看有无发烫。

图2-46　客车底盘　　　　　图2-47　检查制动器

（2）技术要求：性能有效，满足维修手册技术要求。

注意事项：检查手制动器的作用时，最好找一个稍有坡度的地方，以便检查驻车制动器性能。

十、检查灯光照明装置的工作情况（图2-48）

（1）操作要领：可利用变更车道、超车或转弯等机会，进行灯光照明、转向信号的检查；或利用停车机会检查。

（2）技术要求：符合技术要求。

注意事项：须按交通规则使用各种灯光装置。不可乱打转向灯和随意变换远近光灯。

图2-48　检查车灯

以一辆大客车为例，进行行车中维护作业。

一、测试离合器、制动器、转向器（图2-49）

在汽车开始行驶时，踩踏离合器，看踏板能否踏下、回位_____；踩踏制动器踏板，看踏板顺利踩到底后，检查制动踏板与车厢地板之间的间隙是否符合要求_____；利用机会，左右轻转转向盘，目视转向盘自由行程为_____。（一般制动踏板自由行程在10～15mm范围内，转向盘的自由行程在10°～15°范围内）

二、观察仪表，察视发动机、底盘（图2-50）

如有下列情况之一者应立即停车检修或排除：

（1）发动机或底盘是否有特殊响声或异味_____；

（2）机油压力表读数是否显著降低或失效_____；

图2-49 离合器、制动器、转向器测试

图2-50 客车

（3）制动器是否失灵或咬伤或气压低于6kgf/cm²（0.6MPa）_____
_____；
（4）转向机构是否失常_____；
（5）轮胎是否有严重漏气或爆破_____；
（6）发动机是否"开锅"或冷却液温度表读数上升至95℃以上_____；
（7）电流表充放电是否不正常或指示灯突然亮，有异响异味_____；
（8）各种报警指示灯是否亮或报警蜂鸣器是否响_____；
（9）各类灯光、指示灯是否不亮_____。

任务三 收车后维护作业

客车驾驶人应于每日收车后，向车队调度员汇报汽车的技术状况和在行驶中发现的故障，提出必要的报修项目，并进行下列维护项目。

一、检查停车装置（图2-51）

（1）操作要领：停车前，把变速杆挂入空挡，自动变速器的汽车应挂入停车挡，并将手制动杆拉紧，以防汽车自动滑移，发生危险。

（2）技术要求：停车有效，不滑移。

二、检查发动机运转情况，检查、补充燃油和冷却液（图2-52）

（1）操作要领：起动发动机，结合仪表视听发动机运行状况，察看、补充燃油、冷却液。

（2）技术要求：发动机运行正常，无异响；燃油、冷却液量加满。

图2-51 客车驾驶室

三、检查各仪表(图 2-51)

(1)操作要领:熄火前,观察电流表、机油表、水温表、气压表的工作是否正常;熄火后,观察电流表是否有反向漏电的指示(若电流表指针偏向"-"侧,则说明存在漏电现象)。

(2)技术要求:仪表正常,无漏电现象。

四、检查"四漏"现象(图 2-53)

(1)操作要领:看、听、试。检查有无漏油、漏水、漏气、漏电现象,视需要补充燃油、润滑油和冷却液。对各润滑点进行检查,并按需要加注润滑脂。

(2)技术要求:应无"四漏"现象。补给和润滑作业所需运行材料必须符合要求。

图 2-52 柴油机

图 2-53 检查"四漏"

五、检查轮胎气压,清除胎间及表面的杂物(图 2-54)

(1)操作要领:检视、用气压量表检查气压。

(2)技术要求:气压符合规定、胎间及胎纹间无杂物。

六、检查制动装置(图 2-55)

(1)操作要领:客车收车后,应将气压制动装置中储气筒内的积水、油污放净并关好开关;对于液压制动的部分,应检查制动主缸制动液和液面高度。

(2)技术要求:符合维修手册要求。

七、检查皮带的松紧度以及完好情况(图 2-56)

(1)操作要领:检视、一般以 30~50N 的力用拇指下按皮带中间。

图 2-54 检查轮胎

(2)技术要求:皮带光洁、无缺损,松紧度合适(标准因车而异,一般按下 10~15mm 为宜),必要时应进行调整。

图 2-55　客车底盘

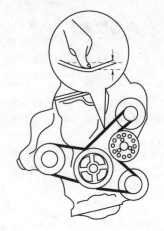
图 2-56　皮带检查

八、检查轮胎、半轴螺母、悬架等（图 2-57）

（1）操作要领：视检、手拧、手摇、扳手试紧。检查轮胎螺母和半轴螺母是否松动，并查看检查钢板弹簧总成是否有折断及 U 形螺栓是否松动。

（2）技术要求：应紧固、齐全。减振器不漏油，弹簧、扭杆等无变形或折断，车轮不得与车身任何部分发生干涉。

九、检查转向、行驶、传动和制动系各部件的连接情况（图 2-58）

（1）操作要领：察看、手摇。检查各外露部位的螺栓和螺母。
（2）技术要求：紧固、牢靠、有效。

图 2-57　检查轮胎

图 2-58　检查转向、行驶、传动和制动系各部件

十、检查照明装置、信号装置和刮水器工作情况

具体情况同出车前。

十一、检查粗滤器、油水分离器（图 2-59）

（1）操作要领：每日停驶后转动机油粗滤器手柄 2～3 圈，视情况打开排污塞排污，严重

时更换滤芯;察看油水分离器中是否有积水和污物,注意清除干净。

(2)技术要求:保持粗滤器、油水分离器清洁。

十二、检查冷却系

(1)操作要领:夏季应定期放水,以防锈蚀堵塞,在冬季当气温低于或接近0℃时,若车库内无保温设施,汽车冷却系也未加防冻液,每日用车后应将散热器和汽缸水套的放水开关打开,放尽存水,并作短时间的发动,排尽余水,然后关好放水开关。

(2)技术要求:水温要正常。

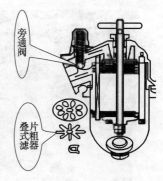

图 2-59　机油粗滤器

十三、检查蓄电池(拆下保温)

(1)操作要领:冬季气温低于-30℃时,露天放置的车辆应拆下蓄电池保温。

(2)技术要求:蓄电池性能良好,寿命长。

注意事项:防冻裂;拆蓄电池正负极电缆时,一定要先拆负,后拆正,安装时按相反顺序。

十四、及时排除故障(图2-60)

(1)操作要领:查明原因,如需小修,逐一排除或请专业人士修理,为下次出车做好准备。

(2)技术要求:汽车状况良好,无故障。

注意事项:确定小修项目前,一定要对车辆进行检测诊断。修复后还须进行竣工检验,以确保维护质量。

图 2-60　及时排除故障

十五、整理随车工具、附件,清洁汽车(图2-61)

(1)操作要领:整理工具、附近,并切断电源。打扫车厢和驾驶室,清洗底盘,擦拭发动机、各部附件和清洁整车外表,同时察看各部分有无破损。

(2)技术要求:车容整洁,车况良好。

图 2-61　清洁客车

任务实施

以一辆大客车为例,进行收车后维护作业(图 2-62)。

图 2-62　宇通客车

一、燃油、清洁

检视油箱存油是否缺油_____,如缺,添加燃料并拧紧加油口盖;擦拭发动机、清洁车厢内外,第二天需进保的车辆要冲洗车辆底部机件上污泥和积垢。

二、润滑机油、皮带

检视各润滑油的油面高度是否符合要求_____,若不足时添加机油。检视皮带是否完好及松紧度_____。

三、"四漏"

检查各部有无漏油、漏气、漏水、漏电_____。
_____。

四、蓄电池、冷却液

检查蓄电池的液面高度及散热器的水存量,蓄电池液面高度以高出极板顶缘_____
_____为宜(一般 10~15mm,具体数字参见各车维修手册)。

五、转向机构、传动机构、制动装置

检查转向横、直拉杆、转向臂是否松动_____;传动轴各接头的连接和紧固情况_____;检查制动系各管路接头有无松动和漏气_____;排放储气筒积水、油污。

六、悬架、半轴、轮胎

检查钢板弹簧片,弹簧夹及 U 形螺栓有无折断和松动_____;半轴螺栓、轮胎螺栓、螺帽有无松动_____。

七、车身内外

检视车身内外部及扶手杆损坏情况_____,扶手杆座、座椅、靠背的螺栓紧固情况_____。

八、大修、高保出厂的车辆

对大修、高保出厂的车辆的各连接机件应在行驶_____km 时进行检查紧固(一般 30~50km,具体数字参见各车维修手册)。

九、刮水器、各灯光

检视刮水器及各部灯光损坏情况_____。

十、用电器具

关闭一切用电器具。

十一、后轮

查看后轮双胎间是否夹有石块等杂物_____,如有,及时清除。

项目三　大客车常见检查作业项目

项目描述

要保持大客车良好的技术状态，保证在各种条件下可靠地工作，必须对客车进行适时常见项目的检查，以便及时发现故障隐患，降低故障率，防止机件异常耗损，延长故障间隔里程，从而进一步提高汽车使用可靠性、耐久性、经济性、动力性。

任务一　轮胎的检查与维护

轮胎是汽车重要的运行材料之一，是汽车行驶系的主要组成部分。轮胎的合理使用，直接影响到汽车行驶的安全性和使用的经济性。在汽车的高速行驶过程中，轮胎故障是所有驾驶者最为担心和最难预防的，也是突发性交通事故发生的重要原因。轮胎的技术状况可使汽车油耗在10%～15%范围内变化，轮胎费用约占汽车运输成本的10%左右。

基础知识

一、轮胎功能

轮胎主要有承载、牵引与制动、机动稳定性、行驶舒适性等方面的功能，如图3-1～图3-4所示。

图3-1　承载功能

图3-2　牵引与制动功能

二、轮胎的分类

1. 按轮胎的结构分类

1）子午线轮胎

胎体帘线与钢丝带束层帘线之间所形成的角度，就像地球的子午线一样，所以称为子午线轮胎。

图 3-3　机动稳定性功能　　　　　　图 3-4　行驶舒适性功能

2) 斜交轮胎

胎体帘线层与缓冲层之间,呈交叉排列,所以称为斜交轮胎。

子午线轮胎和斜交轮胎构造如图 3-5 所示。

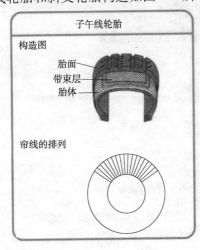
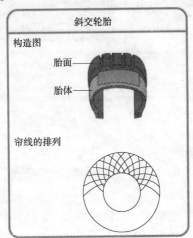

图 3-5　子午线轮胎和斜交轮胎构造

2. 按轮胎花纹分类

轮胎按花纹类型可分为纵向型花纹、横向型花纹、混合型花纹和块状型花纹四种,图 3-6 按各花纹列出了其特性。

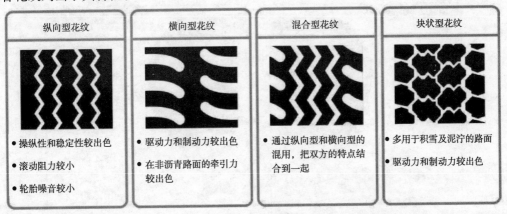

图 3-6　轮胎花纹的类型与特性

三、轮胎的结构

轮胎的结构如图 3-7 所示,按有无内胎将轮胎分为有内胎轮胎和无内胎轮胎两种。

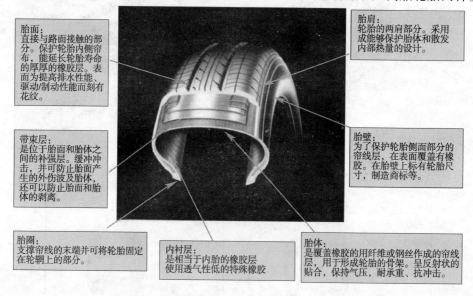

图 3-7 轮胎的结构

1. 有内胎轮胎的结构

有内胎轮胎由外胎、内胎和垫带等组成。

(1) 外胎。

外胎主要由胎面、缓冲层或带束层(缓冲层)、帘布层和胎圈四部分组成。

(2) 内胎:内胎是装在外胎里面的带有气门嘴的弹性橡胶管,作用是对压缩空气保持气密性。

2. 无内胎轮胎的结构

无内胎轮胎没有内胎和垫带,空气直接充入外胎中。有、无内胎的轮胎结构如图 3-8 所示。

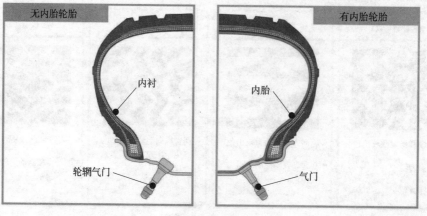

图 3-8 有、无内胎的轮胎结构

3. 轮胎的规格及技术参数

轮胎的规格及技术参数如图 3-9 所示。

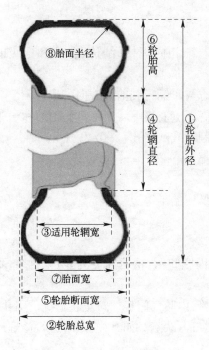

①轮胎外径
　是在相应的轮辋上安装轮胎并按规定气压充气后，在没有承重时的轮胎直径。

②轮胎总宽
　是指包括轮胎侧面的文字及花纹的轮胎最大宽度。（用mm表示）

③适用轮辋宽
　是合适轮胎性能的轮辋宽度。
　标准轮辋：最适合的宽度和形状。（用in表示）
　适用轮辋：能够使用的轮辋。

④轮辋直径
　是指适合轮胎的车轮的轮辋直径。
　同轮胎内径相同。（用in表示）

⑤轮胎断面宽
　从轮胎的总宽中去除轮胎侧面的文字及花纹厚度的宽度。
　（用mm表示）

⑥轮胎高
　是用轮胎外径减去轮辋直径后的数字的1/2。

⑦胎面宽
　是轮胎胎面的宽度。是指两面最突出部分的宽度。

⑧胎面半径
　是指胎面部分的曲率半径。

图 3-9　轮胎的规格及技术参数

四、轮胎的标识

按标准规定，在外胎的两侧要标出生产编号、制造厂商标、尺寸规格、层级、最大负荷和相应气压，胎体帘布汉语拼音代号，安装要求和行驶方向记号等。图 3-10 为轮胎的标识示例。

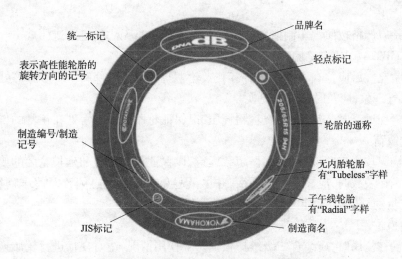

图 3-10　轮胎的标识

五、轮胎的使用与维护

(一) 轮胎的装用

(1) 轮胎必须装配在规定的车型和轮辋上,且应装配相同规格、结构、花纹和层级的轮胎。

(2) 装配有向花纹轮胎时,应使轮胎的旋转方向标志与车辆行驶前进方向一致。

(3) 双胎并装时,应搭配相同规格、结构、层级、花纹、成色的轮胎,普通斜交轮胎和子午线轮胎不得混装,两胎气门嘴应按 180° 对称排列,并与制动鼓观察孔呈 90°。

(4) 换装新胎时,应尽量做到整车或同轴轮胎同时更换。

(5) 转向轮不得装用翻新胎。

(6) 新胎与翻新胎不得混装在同一轴上,高压胎与低压胎不得混装。

(二) 轮胎的拆装

(1) 拆装轮胎时,要用专用工具或器械(如撬棒、胎圈脱卸器、轮胎拆装机等)来拆装,不得使用钝器、锐器等其他器械撬砸轮胎。

(2) 装内胎时,应在外胎内壁和内胎表面涂上滑石粉,内胎气门嘴须对正轮辋气门嘴孔。

(3) 安装无内胎轮胎时,应检查轮辋是否有变形、裂口等缺陷。如有,应及时进行修理或更换。

(4) 在安装带有"O"形圈的轮胎时,应更换新的"O"形圈,装用新"O"形圈前应检查其是否有缺陷,确定其完好后,将其在植物油中浸泡片刻,然后安装。

(5) 在装配胎冠上装有钢带的无内胎轮胎时,应先把轮胎装在轮辋上,并充入压缩空气使气压值达到大约 150kPa,然后小心将钢带剪断除下。

(三) 轮胎的使用

1. 轮胎气压

(1) 轮胎应严格按照汽车制造厂规定的气压充气。当无法确定制造厂规定气压值时,可按 GB9743、GB9744 中的"轮胎气压与负荷对应表"的规定充气。

(2) 轮胎充气后应检查气门嘴垫、气门芯、轮辋与轮胎接触部和"O"形圈等处是否漏气,如发现有漏气现象,应及时修理或更换。

(3) 车辆在运行时,应经常检查轮胎气压,以保证轮胎能够时常处在正常的气压下工作。

2. 轮胎载荷

(1) 车辆应按规定吨位装载,不得超载运行,以保证行车安全和延长轮胎的使用寿命。

(2) 车辆在装载时,应注意载荷平衡,并尽量避免因载荷重心偏置而使车辆轮胎所受载荷不均匀或货物悬置过长、重心过高等现象,确保行车安全。

3. 轮胎换位

(1) 车辆在使用时,应结合二级维护根据车辆使用情况,适时视情进行轮胎换位,并做好记录。

(2)当整车轮胎处于完好状态,没有损伤,未经翻修时,轮胎换位一般有三种方法:交叉换位法、循环换位法和混合换位法。其中循环法又分大循环和小循环。

(3)当整车轮胎成色不一样,后轮装用翻修胎,不能调到前轮使用时,轮胎换位可采用分轴交叉换位法和左、右互调换位法。

4. 轮胎的更换

车辆在行驶一段时间后,应检查轮胎的磨损及损坏情况,并根据轮胎的技术状况或季节变化适时进行轮胎更换作业,轮胎更换有两种形式:整车换胎、单个换胎。

1)整车换胎

整车换胎一般根据汽车二级维护来进行。在汽车二级维护作业时,应对全车轮胎实施全面的检查,如发现车辆大部分轮胎已达到磨损极限,或轮胎已不能保证行车安全时应进行整车换胎。在一些季节性气候条件差异较大的地区,为了能够更好地利用轮胎特性,提高轮胎使用寿命及安全性,通常也进行季节性的轮胎更换,称为季节换胎。在季节换胎时,也采用整车换胎。

2)单个换胎

车辆在收车后或在运行中发现车辆轮胎有异常损坏或过度磨损已不能保证车辆行驶安全时,应及时进行轮胎更换。

5. 车辆技术状况

(1)车辆应时常处在良好的技术状况下,其前、后轮定位应调整恰当,前轮侧滑量应符合GB 7258—2012中3.10的规定,轴距的公差应调整到允许公差范围内。

(2)轮胎轮辋径向跳动、轴线的端面圆跳动应符合有关技术规定,轮胎的动、静平衡度应符合国家及行业有关标准的规定。

(3)装用轮胎不得与其他机件发生干涉,以免造成轮胎异常损坏。一旦发现异常应及时查明原因,并予以排除。

6. 车辆驾驶

(1)在驾驶车辆时,应起步平稳、加速均匀、中速行驶,尽量避免使用紧急制动。

(2)在驾驶车辆时,应时刻注意路面状况,选择路面,避开道路上的石块、尖锐或锋利的物体,防止刺伤轮胎。

(3)驾车时,不得靠近路边石或人行道边行驶,避免胎侧与其他物体接触,尤其是子午线轮胎,以防损伤胎侧。

(4)夏季行车时,应增加停歇次数。如轮胎发热,内压增高,应停车休息,使轮胎散热降温。严禁放气降低气压或用水浇泼。

(5)装用低速轮胎的车辆不应高速行驶,应严格按规定速度行驶。

(6)车辆在行驶途中,应尽量避免急剧转,停车后不准打转向盘。

(7)当汽车陷入深沟或行驶在泥泞道路上时,应装用防滑链或在路面上垫上草垫之类的物品,以防止车轮打滑或空转。

(8)车轮在装用防滑链时,应左、右驱动轮并装;通过困难地段后,应立即拆除。

(四)轮胎的维护

轮胎的维护一般分为:例行维护、一级维护和二级维护。

1. 例行维护

例行维护应在每天的出车前、收车后及途中进行。

1) 出车前检查

车辆出车前应对轮胎进行如下检查：

（1）检查各轮胎气压是否符合规定，气门嘴是否正常。

（2）检查轮胎螺母是否紧固，翼子板、挡泥板、货厢等与轮胎是否有干涉现象。

（3）检查随车工具及备件（撬胎棒、千斤顶、车轮螺母、套筒扳手、气压表、手锤、挖石子钩及轮胎途中修补备件和工具等）是否齐全有效。

2) 途中检查

车辆在行驶途中应结合中途停车、装卸等各种机会，对轮胎进行途中检查，停车地点应选择清洁、平坦、安全且不影响其他车辆通过的场所。

（1）途中检查轮胎螺母是否紧固，翼子板、挡泥板、货厢等与轮胎是否有干涉现象。

（2）清除轮胎花纹、双胎间及其他处石子和夹杂物。

（3）检查轮胎的气压、胎温是否正常。如不正常，应及时补气或停车降温。

（4）检查轮胎各部磨损及损坏情况。胎面、胎侧是否有异常磨损或损坏、轮有无损伤。

3) 收车后检查

车辆在收车后，应对轮胎进行检查：

（1）车辆收车后应停放在指定的停车场内，停车场地应干燥、清洁、无油污及杂物。严冬雨雪天气，应清除停车场地上的冰雪，以免轮胎与地面冻结。

（2）检查轮胎螺母是否松动，备胎及备胎架是否安装牢固。

（3）检查轮胎气压是否正常，并清除轮胎花纹中的石子及夹杂物。

（4）检查轮胎是否有异常损坏，是否需要更换轮胎。

（5）检查备胎技术状况，如备胎已换过，应及时将损坏的轮胎情况报告胎工和胎管员，以被及时送修。

2. 一级维护

（1）轮胎的一级维护应结合汽车的一级维护进行。

（2）检查轮胎螺母是否齐全完好，气门嘴、气门帽是否完好。如有损坏、丢失，应及时补齐装好或修好。

（3）检查轮胎磨损情况，如发现有偏磨、起鼓变形或其他异常磨损时，应查出原因并予以消除。

（4）检查轮胎有无机械损坏，必要时，可拆卸检查。如有损坏，应予以修理。

（5）检查轮胎搭配是否得当，轮辋、挡圈、锁圈是否正常。

（6）检查校正轮胎气压，使之符合有关规定。

3. 二级维护

（1）轮胎二级维护应结合汽车二级维护进行。

（2）轮胎二级维护作业项目除包含一级维护作业项目外，还应进行下列作业项目：

①检查轮胎外观情况，轮胎胎冠、胎肩、胎侧、花纹等不得有明显的损坏、偏磨、割裂、变形现象。检查汽车前、后轮定位和前轮侧滑量调整是否得当。

②检查轮胎的花纹深度:轿车轮胎花纹深度不得小于1.6mm,其他车辆不得小于3.2mm。

(3)二级维护时,应视情进行轮胎解体检查。

①轮胎拆卸后,应测量轮胎花纹和外直径,作为轮胎更换、换位、修补、翻新、报废和搭配使用的依据。

②检查外胎胎冠、胎肩、胎侧、胎内有无内伤、夹空、碾线、折断、起瘤和变形等现象。

③检查内胎、垫带有无咬伤、折皱现象,气门嘴、气门芯是否完好。

④检查轮辋、钢圈、挡圈、锁环有无变形、生锈、裂纹。

⑤检查轮辋螺栓、承孔有无过度磨损或损裂现象。

(4)轮胎各部如有故障,应予以排除。如钢圈锈蚀严重,应进行钢圈防锈漆的涂装。各部排除故障后,应按规定装合、充气。

(5)应按规定视情进行轮胎换位、更换、修补、翻新、前/后轮定位调整和轮胎平衡作业。如轮胎技术状况已不能维持正常的车辆运行且无再利用价值时,应及时进行轮胎报废。

(6)轮胎二级维护作业时,应按规定填写维护记录,其记录单内容、格式应符合有关规定。

任务实施

一、记录

观察实训中提供的客车轮胎,然后填写并在图3-11相应位置处做记录。

二、气压检查

使用经过校验合格的气压表,测量轮胎气压是否正常(表3-1),避免因气压不良发生危险,以保证轮胎正常状态下,车辆的安全行驶(图3-12)。

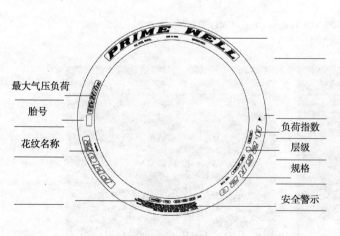

图3-11 客车轮胎

图3-12 气压检查

您所测的轮胎规格型号是_____,其规定压力是_____,所测的轮胎压力别是_____、_____、_____、_____、_____、_____、_____,_____轮胎正常使用,_____轮胎补气后正常使用。

客车常用轮胎标准气压对应表　　　　　表3-1

规格	层级		负荷(kg)	气压(kPa)	规格	层级		负荷(kg)	气压(kPa)
7.40R16	14	S	1500	770	11.00R20	18	S	3550	930
		D	1320	770			D	3250	930
8.25R16	14	S	1705	670	12.00R20	18	S	3750	840
		D	1500	670			D	3450	840
7.50R20	14	S	1900	830	9R22.5	14	S	2240	830
		D	1800	830			D	2120	830
8.25R20	14	S	2205	840	10R22.5	14	S	2575	790
		D	1940	770			D	2430	790
9.00R20	14	S	2575	790	11R22.5	14	S	2800	740
		D	2300	790			D	2650	740
	16	S	2800	900		16	S	3150	830
		D	2650	900			D	2900	830
10.00R20	16	S	3000	790	12R22.5	24	S	3550	850
		D	2725	790			D	3150	850
	18	S	3250	930	295/80R22.5	25	S	3550	850
		D	3000	930			D	3150	850
11.00R20	16	S	3270	790					
		D	2870	790					

三、磨损情况检查

(1)直接通过肉眼,检查轮胎的偏磨耗以及轮胎是否有不规则磨损,便于及时发现问题,对车辆及相关部件状况进行校验(图3-13)。

图3-13　客车轮胎

请您观察客车的轮胎,找到每条轮胎的磨损标志,并判断该轮胎是否以正常使用,并填写下表(表3-2)。

表 3-2

轮 胎 位 置	轮胎磨损情况	有无夹石子和异物	是否能正常使用

（2）如果用肉眼不能对您所观察的轮胎磨损情况做出判断，请用深度尺或游标卡尺测量轮胎花纹深度，判断是否可以继续使用（图3-14）。

图 3-14　轮胎测量

四、有无外伤检查

直接通过肉眼，检查轮胎有没有外伤、起鼓、钉刺（特别是子午线钢丝轮胎）等以便及时剔除、修补或更换，保证轮胎良好，车辆行驶安全。分析图3-15中轮胎损伤的现象与成因。

图 3-15　客车轮胎

五、客车轮胎的正确换位的实训操作

车辆的前、后轮胎在行驶时承受的负荷各不相同:前轮主要作用是操控方向,承受了较多的横向摩擦力;后轮一般所承受的摩擦力以纵向为主,并且当作为驱动轮时,其磨损程度也较被动轮位大。为避免轮胎单方向的磨损,定期适时将轮胎换位使用,以使轮胎磨损均匀,从而均匀延长轮胎使用时间。一般情况下客车行驶8000~10000km轮胎换位一次,比较合适。正确的换位可提高轮胎使用寿命和良好的经济性能。

1. 整车交叉换位(4*2)

如果整车轮胎型号相同、轮胎状况相近,只是存在不均匀磨损,如随车原配轮胎或整车换胎,类似这种情况宜采取整车交叉换位。

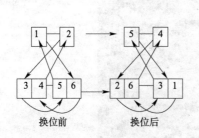

原装位置:　　123456
一次换位后:　542631
二次换位后:　364125
三次换位后:　216543
四次换位后:　451362
五次换位后:　635214
六次换位后:　123456

一般经过4~6次换位,每个轮胎都循环过各位置。

2. 整车交叉换位(6*4)

前提条件:整车轮胎型号相同、状况相近。

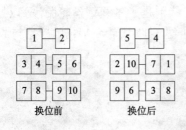

原装位置:　　123456789 10
一次换位后:　542 10719638
二次换位后:　7 1048953126
三次换位后:　98 106372541
四次换位后:　36812947 105
五次换位后:　216543 10987
六次换位后:　4517 1028369
七次换位后:　10759846213
八次换位后:　89736 101452
九次换位后:　6392185 1074
十次换位后:　123456789 10

一般经过8~10次换位,每个轮胎都循环过各位置。

3. 分轴交叉换位(6*4)**及平行(左右)换位**(4*2)

如果前后轴轮胎状况相差较大,不只是存在不均匀磨损,一般后轴是翻新胎或虽经修补,但不宜作前轮,类似这种情况宜采取分轴交叉换位。

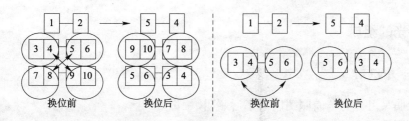

分轴交叉换位(6*2)　　　　　平行(左右)换位(4*2)

4. 挂车轮胎的换位

其中两轴按分轴交叉换位方法进行,一根轴按平行换位方法进行。其组合有:(前、后;中)、(前、中;后)、(中、后;前)。一种组合不得连续进行两次。

5. 轮胎换向装回轮辋

有时轮胎的不正常磨损(如倾角造成的磨损)很难通过普通换位方向来均衡,这种情况下,要将轮胎拆下掉转方向后装回轮辋(方向性花纹除外)。

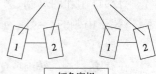

倾角磨损

任务二　灯光的检查与维护

汽车灯光俗称灯系,也就是汽车的照明与信号装置系统,该系统能够让驾驶者及时了解汽车各个主要系统的工作状况、引起车外行人及车辆驾驶员的注意,保证汽车行驶的安全性,减少交通事故和机械事故的发生。

一、汽车灯光的种类及用途

汽车灯光即指照明设备和灯光信号装置。照明设备主要用于夜晚照明道路,标示车辆宽度,照明车厢内部、仪表及夜间检修等。汽车照明灯根据安装位置和用途不同,一般可分为:外部照明装置、内部照明装置。汽车灯光的种类、特点及用途见表3-3。

汽车灯光的种类、特点及用途　　　　　　　　　　　　　　　　表3-3

种类	外照明灯			内照明灯		
	前照灯	雾灯	牌照灯	顶灯	仪表灯	行李舱灯
安装位置	汽车头部侧有两灯、四灯	汽车头部、尾部	汽车尾牌照上方或左右	汽车内部	汽车仪表板内部	行李舱内部
工作时的特点	白色常亮远近光变化	黄色或白色单丝常亮	白色常亮	白色常亮	白色常亮	白色常亮
功率(W)	40~60	前45 后21或6	5~10	5~15	2	5
用途	为驾驶人安全行车提供保障	雨、雪、雾天保证有效照明及提供信号	用于照亮汽车尾部牌照	用于夜间车内照明	用于夜间观察仪表时的照明	用于夜间拿取行李物品时的照明

二、灯光的组成

(一)车外照明

车外照明又可分为车前照明以及车后照明。

1. 车前照明

1)远光、近光前照灯

前照灯俗称大灯(头灯),装在汽车头部的两侧,一般为 40~60W,用来照亮车前的道路。有两灯制和四灯制之分,四灯制前照灯并排安装时,装于外侧的一对应为近、远光双光束灯;装于内侧的一对应为远光单光束灯。

2)雾灯

在有雾、下雪、暴雨或尘埃弥漫等情况下,用来改善道路的照明情况。光色为黄色或橙色(黄色光波较长,透雾性较好)。前雾灯的功率为 45W,后雾灯功率为 21W,光色为红色,用来提醒尾随车辆保持安全间距。

3)辅助行驶灯

辅助行驶灯是利用条纹配光镜产生的散射光,还可以为车辆提供近距离一定范围内的广角照明。

4)驻车灯

装于车头和车尾两侧。要求从车前和车尾 150m 远处确认灯光信号,光色要求车前为白色,车尾处为红色,夜间驻车时,将驻车灯接通标志车辆形位。

5)侧标志和轮廓灯

轮廓灯在夜间无路灯情况下,不仅能给本车辆的前后人员指示本车辆外形轮廓,而且能在汽车掉头转弯的时候,清楚地给外界的人员指示本车辆的外形和通过外形感知本车辆运动方向,示廓灯功率为 5W。

2. 车后照明

装在车尾的灯,在恶劣天气和黑夜打开,表明车辆位置,也示意车辆当前和将要行驶的方向。制动灯表明车辆是否正在制动。转向信号灯示意所要改变的方向;当同时闪烁,则警告危急情况发生。在倒车时,倒车灯提供照明。

1)制动灯

每当踏下制动踏板时,便发出较强的红光,以示制动。功率为 21W,光色为红色,灯罩显示面积较后示位灯大。为避免尾随大型车对轿车碰撞的危险,轿车后窗内可加装由发光二极管成排显示的高位制动灯。

2)尾灯

装在汽车的尾部,夜间行驶时,用来警示后面的车辆,以便保持一定的距离。

3)后转向信号灯

后转向信号常和尾灯制成双丝灯泡。转向时,灯光呈闪烁状,频率规定为 1~2Hz,启动时间不大于 1.5s。在紧急遇险状态需其他车辆注意避让时,全部转向灯可通过危险报警灯开关接通,同时闪烁。

4) 倒车灯

用来照亮车后路面,并警告车后的车辆和行人,表示该车正在倒车。功率为21W,光色为白色,倒挡时,自动发亮,照明车后侧,同时提醒后方车辆跟行人注意安全。

5) 牌照灯

用来照亮汽车后部牌照。

(二) 车内照明

车内最重要的照明莫过于各控制器件和变速器的安全操作,以及反映操作情况的相应信息流(它们都应尽可能少分散驾驶员的注意力),而首先要求车辆有良好照明的仪表板和各种控制件的单独照明灯(比如音响和导航系统的),以满足轻松和安全操作的基本要求。视觉和声音信号则应当按其优先顺序传给驾驶人。

1. 顶灯

轿车及载货汽车一般仅设一只顶灯,用作室内照明,还可以兼起监视车门是否可靠关闭的作用。只要有车门未可靠关紧,顶灯就发亮。

2. 阅读灯

装于乘员席前部或顶部,聚光时乘员看书不会给驾驶员产生眩目现象,照明范围小,有的还有光轴方向调节机构。

3. 行李舱灯

装于客车行李舱内,当开启行李舱盖时,自动发亮。

4. 门灯

装于轿车外张式车门内侧底部,光色为红色。夜间开启车门时,门灯发亮,以告示后来行人、车辆注意避让。

5. 踏步灯

装在大中型客车乘员门内的台阶上,夜间开启车门时,照亮踏板。

6. 仪表照明灯

装在仪表板反面,用来照明仪表指针及刻度板。

7. 仪表报警及指示灯

常见的有充电指示灯、机油压力过低报警灯、转向指示灯、远光指示灯等。报警灯一般为红色或黄色,指示灯一般为绿色或蓝色。

(三) 光纤照明

在只需要微弱光线且不便安装灯泡的地方,如仪表表面、烟灰盒、门锁孔等处,往往采用光纤照明。它是一种远距离传输光线的装置,它以普通车用灯泡为光源,让光线通过光导纤维传到末端,发出微弱光线,照亮一定范围。

光导纤维由有机玻璃丝制成,它的外部包是具有隔光作用的透明聚合物质,当灯泡的光线通过光导纤维时,在其内部经多次反射传到末端。将很多光导纤维合在一起,外部用不透明套管包裹就组成了光缆。

一、认识客车灯具

请利用所学的知识在图 3-16~18 中空格处填写相应的灯具名称。

图 3-16 客车灯具

图 3-17 客车灯具

图 3-18　客车灯具

二、认知与使用大客车灯具开关

以宇通客车 ZK6122HQ 为例,我们来操作客车各灯灯具开关。

1. 认识仪表台和各类开关

1）认知仪表台（图 3-19）

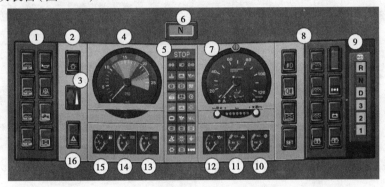

图 3-19　客车仪表台

1-开关面板;2-灯光总开关;3-仪表照明调光器;4-发动机转速表;5-信号指示板;6-显示——预选自动挡;7-车速里程表（含行车记录仪）;8-开关面板;9-自动变速器按钮开关（未使用）;10-变速器油温表（未使用）;11-冷却液温度表;12-机油压力表;13-气压表、储气筒压力、制动回路Ⅱ;14-气压表、储气筒压力、制动回路Ⅰ;15-燃油表;16-警急灯开关

2）认知仪表面板上的开关（图 3-20）

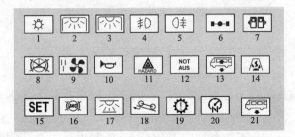

图 3-20　客车仪表面板上的开关

1-灯光总开关;2-驾驶区照明灯;3-车内照明灯;4-雾灯;5-后雾灯;6-差速锁（未使用）;7-车门控制;8-缓速器脚控开关;9-送风机 1 和 2（未使用）;10-气喇叭转换开关（未使用）;11-紧急情况警示灯开关;12-紧急情况切断开关（电源和发动机）;13-升降系统;14-辅助加热器;15-限速器;16-关闭防侧滑系统（未使用）;17-售票员工作台及驾驶区照明（未使用）;18-协助车启动（未使用）;19-（未使用）;20-巡航限速开关;21-车身向乘客门侧侧倾（未使用）

友情提醒：上述灯开关使用时,当按下开关时,开关里面的指示灯亮起,显示开关正常工作。当小灯工作时,所有未按下的开关上都会有亮光标识,有助于您在黑暗中找到相应开关。

除上述开关外,仪表面板上还设置了一些灯光开关,如图3-21所示。

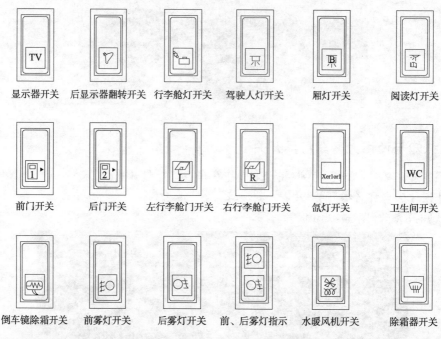

图3-21 灯光开关

显示器开关:分两挡,Ⅰ挡时前显示器工作;Ⅱ挡时中置显示器工作。

后显示器翻转开关:按下翘板开关上部,后显示器翻转,打开;按下翘板开关下部,后显示器翻转,收起。

行李舱灯开关:按下翘板开关,行李舱内的舱灯工作,方便存取行李。

驾驶人灯开关:按下翘板开关,司机灯工作。

厢灯开关:分两挡,Ⅰ挡时部分厢灯工作;Ⅱ挡时厢灯全部工作。

阅读灯开关:按下翘板开关,乘客座位上方的阅读灯可工作。

前门开关:此开关为双向自复位开关,按翘板开关下部为开前门,按下部为关前门。该开关只需按一下即可,无须长时间持续按。

后门开关:此开关为双向自复位开关,按翘板开关下部为开中门,按下部为关中门。该开关只需按一下即可,无须长时间持续按。

左行李舱门门开关:此开关为双向自复位开关,按翘板开关下部为开左侧舱门,按下部为关舱门。该开关只需按一下即可,无须长时间持续按。

右行李舱门门开关:此开关为双向自复位开关,按翘板开关下部为开右侧舱门,按下部为关舱门。该开关只需按一下即可,无须长时间持续按。

氙灯开关:按下此开关,氙气大灯工作。

卫生间开关:按下此开关,接通卫生间电路。

倒车镜除霜开关:按下此开关,倒车镜除霜电路接通。

前雾灯开关:按下此开关,前雾灯工作。
后雾灯开关:在前雾灯打开的情况下,按下此开关,后雾灯工作。
前、后雾灯指示:分别指示前、后雾灯的工作状态。
水暖风机开关:安装有水暖强制散热器的客车上,按下此开关,水暖强制散热器的风机工作,进行强制散热。
除霜器开关:按下此开关,除霜器电机工作。

2. 组合开关使用

打开用电设备前接将钥匙旋转到点火位置。

1) 远、近光灯开关

打开灯光总开关至第二挡。向上轻抬组合开关至1位时,近光指示灯亮起(图3-22);向上轻抬组合开关至2位时,远光指示灯亮起;向下按动组合开关从2位到0位时,远光指示灯关闭。

2) 转向灯开关(带自动复位功能)

当使用转向灯开关时,绿色指示灯(左侧)闪烁。当"转向指示"指示灯只亮了一次时,表明转向灯有故障,可能需要安装新灯泡。如下图所示,向前轻推组合开关手柄至位置1,右转向灯持续闪烁;向后轻推组合开关手柄至位置2,左转向灯持续闪烁;当转向盘恢复到无转动位置时,开关手柄复位位置0。向前或向后轻推开关手柄并将其所定在解除位置,转向灯短暂闪烁,开关手柄可自行复位位置0(图3-23)。

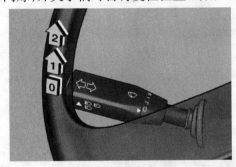
图3-22 远、近光开关

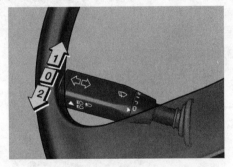
图3-23 转向灯开关

三、检查灯光实训

全车外面灯光检查示范如图3-24所示。

图3-24 全车外面灯光检查

人员:维修工A,在驾驶室内完成灯光开关的操作;维修工B,在室外进行示意性操作,并判断灯光好坏;两者配合从维修工 A 鸣喇叭开始。

1. 近光灯检查(图 3-25)

图 3-25　近光灯检查

2. 远光灯检查(图 3-26)

图 3-26　远光灯检查

3. 左前转向灯检查(图 3-27)

图 3-27　左前转向灯检查

4. 右前转向灯检查(图 3-28)

图 3-28　右前转向灯检查

项目三 大客车常见检查作业项目

5. 危险警报灯检查（图3-29）

图3-29 危险警报灯检查

6. 前雾灯检查（图3-30）

图3-30 前雾灯检查

7. 后制动灯检查（图3-31）

图3-31 后刹车灯检查

8. 左后转向灯检查（图3-32）

图3-32 左后转向灯检查

9. 右后转向灯检查(图 3-33)

图 3-33 右后转向灯检查

10. 后危险警报灯检查(图 3-34)

图 3-34 后危险警报灯检查

11. 后倒车灯检查(图 3-35)

图 3-35 后倒车灯检查

12. 后雾灯检查(图 3-36)
13. 检查结束(图 3-37)

图 3-36 后雾灯检查　　　　图 3-37 检查结束

四、灯泡的更换

若有灯泡烧坏,请及时更换,更换的灯泡的规格和型号要与原灯泡一致。拆卸灯泡前先关闭电源,以防线路短路或电流误击。

友情提醒:灯泡内有一定的压力,更换时灯泡可能破碎,谨防划伤!

任务三　发动机油液的检查与补给

发动机是汽车的动力源,因此,汽车要行驶就必须消耗燃料。因为发动机就是将燃料的化学能转化为机械能的机器。而为了保证汽车的正常行驶,仅仅有燃料还不够,因为发动机在工作中还需要润滑、冷却等。因此,驾驶人要做到了解发动机相关油液的状态与工作情况,以确保车辆的正常运行。

一、燃油的选用与补给

目前汽车的燃料仍然以汽油和柴油为主。

1. 汽油的选用

车用汽油是汽油发动机的主要燃料,车用汽油是从石油中提炼出来的,由碳、氢元素组成的烃类化合物。

1)汽油的使用性能

汽油应能满足汽油机工作需求并保证汽油机正常发挥其性能的能力,称为车用汽油的使用性能。车用汽油使用性能要求如下:

(1)适宜的蒸发性。

(2)良好的抗爆性。

(3)良好的氧化安定性。

(4)对机件等无腐蚀性。

(5)对环境等的无害性。

(6)油本身的清洁性。

2)汽油标号、规格

汽油标号,表示的是该汽油的辛烷值(多按照研究法辛烷值来标明),表征汽油的抗爆性能。它是实际汽油抗爆性与标准汽油的抗爆性的比值。标准汽油是异辛烷和正庚烷组成。异辛烷的抗爆性好,其辛烷值定为100;正庚烷的抗爆性差,在汽油机上容易发生爆震,其辛烷值定为0。如果汽油的标号为93,则表示该标号的汽油与含异辛烷93%、正庚烷7%的标准汽油具有相同的抗爆性。

汽油的质量水平主要体现在辛烷值、铅含量、硫含量、苯含量、蒸气压及烯烃、芳烃含量等各种指标上,其中铅、硫及烯烃含量是最重要的指标。为适应汽车技术水平的发展和环保标准的要求,我国于2017年1月1日起在全国实施第五阶段国家机动车排放标准(GB

17930—2016),与第四阶段车用汽油国家标准相比较,国五车用汽油标准将硫含量指标限值由第四阶段的50ppm降为10ppm,降低了80%;将锰含量指标限值由第四阶段的8mg/L降低为2mg/L,禁止人为加入含锰添加剂;将烯烃含量由第四阶段的28%降低到24%。同时,考虑到第五阶段车用汽油由于降硫、禁锰引起的辛烷值减少,以及我国高辛烷值资源不足情况,该标准将国五车用汽油牌号由90号、93号、97号分别调整为89号、92号、95号,并在标准附录中增加了98号车用汽油的指标要求。

3)汽油的选用

为了充分发挥汽油能量的作用,延长汽油发动机零件的使用寿命,降低生产成本,节约能源,应正确、合理地选择汽油。汽油的选择应遵循以下原则:

(1)按汽车的使用说明书规定或国家相关权威部门的推荐选用汽油牌号。压缩比越大,使用的汽油牌号也越高。

(2)可以用牌号相近的汽油暂时代用,但必须对汽油机进行适当的调整。用辛烷值较低的汽油代替辛烷值较高的汽油时,应适当推迟点火提前角;用辛烷值较高的汽油代替辛烷值较低的汽油时,应适当提前点火提前角。

(3)装有三元催化转化器和氧传感器的汽车尽量选择含铅量低的汽油。

(4)推广使用加入有效的汽油清净剂的汽油。

(5)注意外界条件改变对汽油选择的影响。如冬季应选择蒸气压较大的汽油,夏季应选择蒸气压较小的汽油;高原地区应选择蒸气压较小的汽油,平原地区应选择蒸气压稍大的汽油。

2.轻柴油的选用

柴油和汽油一样,是从石油中提炼出来的,也是由碳、氢元素组成的烃类化合物。柴油可分为轻柴油、重柴油等品种。轻柴油用于高速柴油机,重柴油用于中、低速柴油机。汽车用柴油机属高速柴油机,所用柴油为轻柴油。随着柴油汽车保有量的增多,轻柴油作为汽车燃料的需求量也将越来越大。

1)车用轻柴油的使用性能

车用轻柴油使用性能要求如下:

(1)良好的低温流动性。

(2)良好的雾化和蒸发性。

(3)良好的燃烧性。

(4)良好的安定性。

(5)对机件等无腐蚀性。

(6)柴油本身的清洁性。

2)车用柴油牌号、规格

轻柴油国家标准规定十六烷值不低于45、硫含量优级品控制不大于0.2,一级品控制不大于0.5%,合格品控制不大于1.0%,实际胶质不大于70mg/100mL。该标准将柴油按凝点分为10、0、-10、-20、-35和-50六种牌号。1998年在此标准的基础上进行了修订,不再按硫含量分优级品、一级品和合格品,并要求硫含量控制为不大于0.2%。

(GB 19147—2016)《车用柴油》要求硫含量控制为不大于0.01%,氧化安定性总不溶物不大于2.5mg/100 mL,十六烷值不小于47。该标准将轻柴油按凝点分为10号、5号、0号、-5号、-10号、-20号六个牌号城市车用柴油。

3)轻柴油的选用

轻柴油牌号的选择一般应使最低使用温度等于或略高于轻柴油的冷凝点。

10号轻柴油:适合于有预热设备的柴油机;

5号轻柴油:适合于风险率为10%的最低气温在8℃以上的地区使用;

0号轻柴油:适合于风险率为10%的最低气温在4℃以上的地区使用;

-5号轻柴油:适合于风险率为10%的最低气温在-1℃以上的地区使用;

-10号轻柴油:适合于风险率为10%的最低气温在-5℃以上的地区使用;

-20号轻柴油:适合于风险率为10%的最低气温在-14℃以上的地区使用;

-35号轻柴油:适合于风险率为10%的最低气温在-29℃以上的地区使用;

-50号轻柴油:适合于风险率为10%的最低气温在-44℃以上的地区使用。

二、发动机润滑油选用

发动机润滑油也称发动机机油,是保证发动机正常运行的重要材料,具有润滑、冷却、密封、清洗、防腐、降噪、减磨等功能。

1. 发动机润滑油的分类、规格和牌号

(1)发动机润滑油的使用性能分类,是根据发动机油在发动机台架试验中所得到的润滑性、清净分散性、抗氧抗腐性等确定其等级。一般有:美国石油学会(API)、国际润滑剂标准化及认证委员会(ILSAC)、欧共体市场车辆制造委员会(CCMC)、欧洲汽车制造商协会(ACEA)、日本汽车标准组织(JASO)的发动机融化油使用性能分类法。

(2)世界上黏度分类广泛采用美国汽车工程师学会(SAE)的发动机油黏度分类法。

(3)我国发动机润滑油采用API使用性能分类法和SAE黏度分类法。

API使用性能分类是根据产品特性、使用场合和使用对象确定的。机油牌号中第一个字母S表示汽油机油;C表示柴油机油,并根据使用特性和使用场合分别设有若干个等级,如SC、SD、SE、CC、CD、CE等。表3-4所示为API汽油机油的使用性能分类,表3-5所示为API柴油机油的使用性能分类。

API汽油机油的使用性能分类　　　　　　　　　　表3-4

标号	美国石油学会(API)油品使用范围介绍	美国材料试验学会(ASTM)油品性能介绍
SA	供汽油机和柴油机使用。用于运行条件非常温和的老式发动机。除汽车制造厂特别推荐外,已不再使用	油品内除降凝剂及抗泡剂外不含其他类型的添加剂
SB	供负荷很低的汽油机使用。用于运行条件温和的老式汽油机。除汽车制造厂特别推荐外,已不再使用	该油品具有一定程度的抗氧化和抗磨损性能
SD	用于1968—1971年生产的小轿车和部分卡车的汽油机,适用于国产的解放、东风等汽油发动机。此种油品防止汽油机高温及低温沉积物、磨损、锈蚀和腐蚀的性能优于SC级油,并可以用来替代SC级油	油品符合车制造厂1968—1971年的要求,具有抗低温油泥和抗锈蚀的性能

续上表

标号	美国石油学会(API)油品使用范围介绍	美国材料试验学会(ASTM)油品性能介绍
SE	用于1972年以后和某些1971年型小轿车及一些卡车的汽油机。适用于标致、桑塔纳、夏利及早期的丰田、日产、本田等轿车。此种油品的抗氧化性和对汽油机高温沉积物、磨损、锈蚀和腐蚀的防护性能优于SC或SD级油,并可以用来代替SC或SD级油	油品符合汽车制造厂1972—1979年的要求,主要用于小轿车,具有高温氧化性能和防止低温油泥及锈蚀的性能
SF	用于汽车制造厂推荐的维护方法运行的1980年以后的小轿车和一些卡车的汽油机,如奥迪、切诺基等车型。此种油品的抗氧化性能和抗磨损性能优于SE级油,可以用来代替SE、SD或SC级油	油品符合汽车制造厂1980年的要求,主要用于各种操作条件苛刻的车型,具有抗油泥、抗漆膜、抗锈蚀、抗磨损和抗高温增稠的性能
SG	具有比SF更高的清净性、高温氧化稳定性、耐磨性。适用于所有国产和进口新型六缸以上的宝马、美洲虎、凯迪拉克、凌志、林肯高级轿车,同时可以满足各类汽油发动机的中型客车使用	有比SF级更好的高温抗氧清净性和抗磨性
SH	具有比SG更高的性能,高温时的清净性特别好。适用于林肯、卡迪克莱克、奔驰、宝马、本田等最新型的进口轿车	有比SG级更好的高温抗氧清净性和抗磨性

API 柴油机油的使用性能分类　　　　　　　　　　　表 3-5

标号	美国石油学会(API)油品使用范围介绍	美国材料试验学会(ASTM)油品性能介绍
CA	供轻负荷柴油机使用。用于使用优质燃料,在轻到中等负荷下运行的柴油机,有时也用于条件温和的汽油机。但除汽车制造厂特别推荐外,现已不再使用	用于汽油机和以低硫燃料运行的非增压柴油机
CB	供中负荷柴油机使用。用于在轻到中负荷下运行的柴油机。对发动机磨损和沉积物有较高的防护性能。有时可用于运行条件温和的汽油机。对于使用高硫燃料的非增压柴油机具有防止轴承腐蚀和高温沉积物的性能	用于汽油机和非增压柴油机
CC	供中负荷柴油机和汽油机使用。用于中到重负荷下运行的低增压柴油机并包括一些重负荷汽油机。对于低增压柴油机,此种油品能防止高温沉积物;对于汽油机,能防止锈蚀、腐蚀和低温沉积物	具有低温防止油泥和锈蚀的性能,并且有适应低增压柴油机需要的性能
CD	供重负荷柴油机使用。用于需要非常有效地控制磨损及沉积物的高速、大功率增压柴油机。对增压柴油机使用优、劣质燃料,该油品都能有效地防止轴承腐蚀和高温沉积物	具有适应中增压柴油机需要的使用性能
CE	供重负荷增压中冷柴油机使用。用于需要非常有效地控制磨损及沉积物的新型高速、大功率增压中冷柴油机	具有适应重负荷增压中冷柴油机需要的使用性能

2. 发动机润滑油的选择

发动机润滑油的选择应兼顾使用性能级别选择和黏度级别选择两个方面。

1)汽油机润滑油的选择

汽油机润滑油主要依据发动机的结构特点、使用条件、气候条件等选择润滑油的质量等级和黏度级别。有汽车使用说明书的用户,依据说明书要求选取;无使用说明书时,汽油车可以按照发动机设计年代、发动机的压缩比、曲轴箱是否安装强制通风装置(PCV)、是否安装废气循环装置(EGR)和催化转化器等因素选取润滑油。

2)柴油机润滑油的选择

有汽车使用说明书的用户,依据说明书要求选取;在没有使用说明书时,也可根据柴油机的强化系数确定柴油机润滑油的质量等级,然后根据汽车使用地区的气候确定润滑油的黏度级别。强化系数在30~50之间的柴油机,选择CC级柴油润滑油;强化系数大于50的柴油机,选择CD级柴油润滑油。

选好润滑油的质量等级后,还应根据汽车实际工作条件的苛刻程度,适当升降润滑油的质量等级。工作条件缓和时可降低一级质量;反之,可升高一级质量,在无级别可提高时,应缩短换油周期。

柴油机润滑油黏度选择原则与汽油机润滑油的相同,考虑到柴油机工作压力比汽油机大、但转速又较汽油机低的特点,在选择黏度时应略比汽油机高一些。

三、发动机冷却液的选用

现代液冷发动机均使用冷却液。用以防止发动机在严寒季节发生缸体、散热器和冷却系管道的冻裂。但值得注意的是防冻液不仅仅是冬天用的,它应该全年使用,汽车正常的维护项目中,每行驶一年需更换发动机防冻液。

1. 冷却液的类型

冷却液由水、防冻剂、添加剂三部分组成,按防冻剂成分不同可分为酒精型、甘油型、乙二醇型等类型的冷却液。酒精型冷却液是用乙醇(俗称酒精)作防冻剂,价格便宜,流动性好,配制工艺简单,但沸点较低、易蒸发损失、冰点易升高、易燃等,现已逐渐被淘汰;甘油型冷却液沸点高、挥发性小、不易着火、无毒、腐蚀性小,但降低冰点效果不佳、成本高、价格昂贵,用户难以接受,只有少数北欧国家仍在使用;乙二醇型冷却液是用乙二醇作防冻剂,并添加少量抗泡沫、防腐蚀等综合添加剂配制而成。由于乙二醇易溶于水,可以任意配成各种冰点的冷却液,其最低冰点可达-68℃,这种冷却液具有沸点高、泡沫倾向低、黏温性能好、防腐和防垢等特点,是一种较为理想的冷却液,目前国内外发动机所使用的和市场上所出售的冷却液几乎都是这种乙二醇型冷却液。

2. 冷却液的选用

选用原则:选用冷却液的凝点要比车辆运行地区的最低气温低10℃左右。

一、燃油的补给

学会观察燃油表,并在教师的带领下完成一次燃油加注过程。

1. 燃油表的查看

如图3-38所示,在仪表板上的燃油表会直观显示出油箱中燃油的量。燃油表中有两个字母,一个是"F",如果表针越靠近F的话,证明燃油箱内的燃油越多;另一个是字母"E",如果表针越靠近字母E表示燃油箱内的燃油就越少。当燃油箱内的燃油到达最低点(一般汽车燃油表上会有红色线条表示)的时候,会点亮燃油报警灯,提示驾驶人及时加油。

友情提醒:燃油报警灯点亮后一般汽车还能行驶30～60km,各厂家汽车标准不一,但通常的做法是只要燃油报警灯亮起后,立即就近加油。

图3-38 燃油表

2. 燃料的补给

当发现车辆燃油不足时应及时到加油站(图3-39)进行燃油的补给。在加油过程中应注意以下事项:

(1)关闭发动机。

(2)不许吸烟。

(3)不要使用手机。

图3-39 加油站

友情提醒:营运车辆要尽可能将燃油的补给工作安排在旅客未上车前或是收车后,这样既避免了行程中浪费时间,又确保旅客的人身安全。

二、润滑油的检查与补给

1. 润滑油的检查

1)查看机油的数量

检查应在起动发动机之前或停机10min以后进行,检查之前应将车停放在平坦的场地上。将起动开关钥匙拧到关闭位置,把驻车制动杆(手制动杆)放到制动位置,变速杆放到空挡位置。

打开发动机舱盖,抽出机油尺(图3-40),将机油尺用抹布擦净油迹后,插入机油尺导孔,拔出查看,如图3-41所示。油位在上下刻线之间,即为合适。

2)检查机油的质量

在检查油位时,应注意检查机油的污染程度。检查机油尺上的机油,不应有变色(机油变黑现象除外)的现象。当机油达到使用的间隔里程或达到换油指标时,应及时更换机油。多级油在使用时容易变黑,属于正常现象。

图3-40　机油尺的位置

图3-41　机油尺的刻线

检查机油质量的常用方法有:油迹对比、黏度比较试验和化验法等几种。

用油迹对比法检测机油质量时:可取两片洁净的白纸,在纸上分别滴下同种新机油和正在使用的机油各一滴,比较二者变化情况。如果在用的油中间黑点里有较多的硬沥青质及炭粒等,表明机油滤清器的滤清作用不良,但并不说明机油已经变质;如果机油中间黑点较小且色较浅,周围的黄色润迹较大,油迹的界线不很明显而且是逐渐扩散的,说明机油中洁净分散剂尚未耗尽,仍可继续使用;如果黑点较大,且油是黑褐色、均匀无颗粒,黑点与周围的黄色油迹界线清晰,有明显的分界线,则说明其中洁净分散剂已经失效,表明机油已变质,应及时更换。

2. 润滑油的补给

润滑油的补给分两种情况。

第一种情况是在日常维护过程中,驾驶人通过检查机油尺发现机油液面高度低于下刻线,机油量少,必须补给。

另一种情况是在正常行驶过程中,仪表板上的机油报警灯亮起或闪烁(通常为红色或黄色),如图3-42所示,必须立即停车补给。

机油的补给操作流程:

(1)检查机油液面高度,如果液面高度低于下刻线,确认需补加机油。

(2)打开机油加注口(图3-43),确认发动机机油种类与规格,通常情况下现代发动机机油加注盖上都标了该款发动机机油的规格。

(3)从加油口处添加,添加时每次少加注,分多次加注,每次加注3~5min后检查机油液面,严禁一次性加注过多,造成液面高度高于上刻线,造成发动机烧机油。

(4)检查机油液面,确认机油液面符合规定后,拧上机油加注口的盖子,加注结束。

友情提醒:各种机油不能混用,在添加机油过程中必须确保机油是同一品牌、同一规格。

三、冷却液的检查与更换

冷却系的功能是使工作中的发动机得到适度冷却,从而保证发动机在最适宜的温度范围内工作。若冷却系工作不正常,会导致发动机功率下降,磨损增加,耗油增加等不正常现象产生。

1. 检查冷却液面高度

为正确检查冷却液液面,检查前应关闭发动机,待其停止运转后方可检查。如图 3-44 所示发动机处于冷态时,冷却液液面必须处于最高、最低两标记之间,一旦达到热态,液面可能略高于最高标记。

图 3-42　机油报警灯

图 3-43　机油加注口

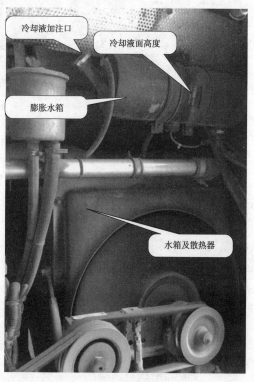

图 3-44　检查冷却液面高度

2. 冷却液更换期限

冷却液一般一年更换一次。

3. 冷却液的添加

如果液面过低,在汽车行驶时造成冷却液温度过高,冷却液温度显示和冷却液警报灯即会持续闪亮,此时应立即停车熄灭发动机,并检查液面(注意:发动机是热状态,不要直接打开散热器盖,以防热水喷出烫伤)。如果冷却液大量损耗,则必须等发动机冷却后时方可添加冷却液,以免损伤发动机。

添加时,加入清水即可,进维修厂家维护换水时才须添加冷却液,但别用矿泉水,矿泉水水中的矿物会形成水垢阻塞管道。

任务四　变速器的检查与补给

变速器也称为变速箱,它是汽车传动系统中最主要的部件之一。由于发动机的转矩变化范围小,不能满足牵引力和车速在相当大范围内变化的使用要求,所以传动系统中设置了变速器来解决这一问题。

一、变速器的功用与分类

1. 变速器的功用

变速器的具体功用是：

(1)改变传动比。

(2)实现倒车行驶。

(3)实现空挡。

(4)驱动其他机构。

变速器除了要实现其功能外,还要求变速器传动平稳可靠、效率高、操纵简单、维护方便。

2. 变速器的分类

按操纵方式不同可分为手动变速器、自动变速器两类。

(1)手动变速器。变速杆每一个位置对应一个挡位,并由驾驶人通过操纵变速杆来变换汽车行驶时所需挡位。

(2)自动变速器。汽车前进时各挡位的变换是自动进行的,驾驶人只需操纵加速踏板(油门踏板)和制动踏板,变速器就会根据发动机的载荷信号和车速信号来控制执行元件,实现各前进挡位的自动变换。

当前我国营运客车采用的变速器通常都为手动变速器,因此,本任务也是围绕手动变速器的检查项目来阐述的。

二、宇通客车 ZK6122H 变速器的基本结构

宇通客车 ZK6122H 选用的是 QJ805/1205 速器,其外形如图 3-45 所示。

QJ805 是三轴式定轴传动的变速器,有五个前进挡和一个倒挡变速器,Ⅰ挡和倒挡均采用接合套换挡,其余前进挡均采用 ZF 锁环式同步器;换挡机构采用独特的 ZF 旋转轴—拉板—拨叉式;可配单杆及各式软轴机构,换挡轻便可靠。该箱齿轮采用特殊的齿形,大圆角鼓形齿根,采用特殊材(ZF),热后加喷丸技术,采用 ZF-B 型锁环式同步器,对前进挡进行换挡。同步环采用质材料,摩擦表面采用喷金属钼技术,寿命长;倒挡采用拨环式移动齿轮换挡。该变速器适宜多种配置,可配客车的液力、电涡流缓速器支架,载货汽车的取力器、分动器,可与发动机直接连接。操纵机构可实现远距离连接,适宜硬杆刚性操纵,及推拉软轴操纵。

图 3-45 变速器的外形图

三、齿轮油基本知识

1. 齿轮油的分类

美国石油学会将车辆齿轮油按使用性能分为GL-1、GL-2、GL-3、GL-4、GL-5和GL-6六类。其性能水平顺序逐级提高。其中,使用较多的是GL-4和GL-5两类。近年来API还提出了两种新使用性能分类规格,一种是PG-1,适用于重载、高温(可达150℃)手动变速器(载货汽车与客车用),另一种PG-2,适用于有高偏置的重载轴齿轮传动(重型载货汽车最后一级传动用)。这两种新规格还要求能满足对清净分散性、密封寿命与同步啮合腐蚀极限的更高要求。由于GL-1、GL-2、GL-3都已属于淘汰型号,因此,我们主要介绍GL-4、GL-5、GL-6齿轮油。

(1)GL-4 在高速低扭矩,低速高扭矩下操作的各种手动变速器、螺旋齿轮,特别是客车和其他各类车辆用旋伞齿轮和使用的双曲线齿轮,规定用GL-4类齿轮油。

(2)GL-5 在高速冲击负荷,高速低扭矩操作下的各种齿轮,特别是客车或苛刻的其他车辆用的双曲线齿轮,规定用双曲线齿轮及其他GL-5类齿轮油。

(3)GL-6 在高速、冲击负荷下工作的各种齿轮,特别是客车和各类车辆用的高偏置双曲线齿轮(偏置量大于2.0英寸或接近大齿圈直径的25%)规定用GL-6类齿轮油。

2. 齿轮油的组成

齿轮油简单说就是由基础油及添加剂组成。常用于调配齿轮油的基础油有500SN、650SN、150BS、200BS等,有的还采用合成油如PAO、聚醚等调和,一般GL-4、GL-5级的85W/90、85W/140及90、140油采用普通矿油调和则可,GL-4、GL-5的75W/90、80W/90则需要用合成油调和了。

任务实施

一、客车变速器的使用(以QJ805/1205变速器为例)

QJ805/1205变速器结构紧凑、重量轻、外形尺寸小、操纵灵活、换挡轻便、使用可靠、易于修理;整车布置适应性好;零件通用性高。正确地使用和维护变速器,无疑会提高整车的动力性、经济性、安全性和可靠性。

1. 变速器操作要点

(1)车辆运行中尽可能使用高挡行驶、保证发动机工况处于经济转速区。
(2)车辆加速时,可"跳挡"(越过一个挡位)操作,充分利用发动机功率。
(3)车辆下坡行驶时应换入高挡,充分利用发动机制动。
(4)非必要时,不应频繁使用紧急行车制动或急剧加速。

2. 正确的换挡步骤

(1)不松加速踏板,将离合器踏板踏到底。
(2)平稳而准确地移动变速杆到所需挡位,遇到阻力后,逐渐加力,片刻(约1s)即能挂上挡位。
(3)松开离合器踏并加速到合适的车速。

(4)换倒挡时,必须停车进行,并平稳地施加换挡力,否则易于损坏接合套。

友情提醒:驾驶人应熟知各挡位所能行驶的车速范围,避免换入与车速不相适应的挡位,从而防止发动机和传动系部件超速或过载。

3. 变速器使用注意事项
(1)正确调整离合器使之分离彻底和完全结合。
(2)禁止超载。
(3)忌不对车辆进行初驶维护。
(4)禁止起动车后未原地升温,冷却液温度未达起动温度,气压未达到标准气压就立即行车。
(5)忌高速低挡位或低挡位高速的换挡,不及时的拖挡。
(6)杜绝冲击换挡,忌换挡时猛推、猛拉或拍打换挡杆换挡。
(7)本变速器倒/一挡采用接合套换挡,应两脚离合器换挡,挂倒挡应停车挂挡。
(8)忌下坡时空挡位滑行。
(9)禁止拖挡。

所谓拖挡就是挂着一个高挡位,但是速度却提不上去了。比如上坡,或者负载很大的情况下,需要很大的扭矩。如果将挡位挂到高挡,虽然功率增大,但是扭矩却不够。

二、客车变速器的检查

1. 离合器分离的检查

换挡时,离合器踏板应踏到底,此时,离合器是否彻底分离,对变速器换挡性能和同步器寿命影响很大。因此,要经常检查离合器踏板行程,检查离合器是否能彻底分离和完全接合。

检查方法如下:

车辆停止不动,让发动机怠速运行。此时将离合器踏板踏到底,数秒后平稳地移动变速杆挂倒挡,如果接合套发出刺耳的换挡噪声,则表明离合器分离不彻底,需调整离合器;若无刺耳噪声,则表明离合器分离彻底。

2. 挂挡的检查

挂挡的检查通常在车辆行驶中检查,检查的内容一般有以下几项:

(1)各挡位是否都能进行动力传递(如果发现变速器缺少某个挡位或是某挡位不能传递动力请及时送修)。

(2)挂挡是否困难的检查。

如果挂入所有挡位都困难,可以确定的是离合器故障;如果挂挡过程中,只有某一挡位入挡困难,则是该挡位传动力元件有故障。

三、客车变速器维护

维护包括以下内容:日常维护和周期维护。

1. 检查变速器的固定连接及操纵机构状况

车辆行驶中由于路况因素产生振动或大起大落,会使变速器和离合器壳、车架、发动机、支承传动轴、输出凸缘的连接件松动,所以每行驶1200～1400km,应检查紧固。

变速器在使用中,由于齿轮、轴、轴承、换挡机构的球头摇臂磨损和变形,逐渐出现一系列的不正常状况。因操纵机构暴露在外部,润滑效果不良,加之油里水分产生锈蚀,会使换挡摇臂球头磨损,造成换挡不到位或换挡困难。

2. 变速器的密封情况

检查一轴端、输出轴端油封状况;检查壳、盖外部是否有油迹。油封、油封唇口经使用会逐渐被磨钝,油封自紧弹簧弹力降低,油封的密封作用减弱,而发生漏油。因漏油使润滑油缺少,导致润滑不良,零件磨损加快,建议变速器油封20000km更换一次。

3. 通气塞

由于其安装位置及密封性,极易造成油泥将通气塞堵塞的情况。由于通气塞不畅,变速器运转会使气压升高,引起漏油。建议每1000km检查一次,疏通通气塞孔。

4. 润滑

变速器对油品、油质、油量有严格要求。鉴于目前润滑油实际水平,建议使用合乎以下条件的油品:

按黏度分类:SAE80W齿轮油。

按使用分类:API-GI4或MIL-L-2105重负荷齿轮油。

5. 油量

在变速器换挡机构盖上有一产品铭牌,其上标明了总成的近似润滑油油量为12L,首次或大修后多加一点为12.5L。在使用过程中,润滑油加注只能是同品牌、同生产厂家的润滑油。

6. 油量检查

车辆停放在水平路上,在车下变速器的侧面上有一油面检视孔螺塞(涂有红色标记),用17-19梅花扳手拧松油塞,润滑油如能从该检视孔溢出,或能看见油,就代表油量适宜。

7. 换油期

在新车出厂行驶5000km或使用125h应进行首保换油,清除新变速器走合期磨合下来的金属颗粒及杂质。

友情提醒:豪华大巴首次维护后,每80000km或使用2000h换一次油。换油时,应仔细清除放油塞磁芯上黏附的金属物及杂质。

四、变速器常见故障分析判断与排除

1. 变速器噪声异常

(1)离合器内零件损坏或紧固件松动。

检查离合器运动件。更换损坏件或紧固松动件。

(2)万向节磨损严重或传动轴间隙大。

检查传动轴与万向节,更换损坏件或调整配合间隙。

(3)润滑油不足。

检查油面位置,并按规定加注到位。

(4)轴承或齿轮损坏、磨损。
检查更换损坏件、磨损件。
(5)紧固件松动或相对运动件损坏。
检查紧固松动件,更换损坏件。
(6)齿轮有毛刺、碰伤、断裂或齿形、齿向不合格。
修磨齿轮或更换。
(7)同步器磨损,产生挂挡发响。
更换同步器。

2. 换挡困难

(1)离合器分离不彻底。
检查离合器间隙并调整。
(2)操纵杆系(纵拉杆、换挡摇臂、连接板、支承杆)调整不当或磨损。
检查调整杆系或更换损坏件。
(3)同步器零件或接合套零件损坏。
检查更换损坏件,修磨损坏件。

3. 脱挡

(1)操纵机构(操纵拉杆等)装配不当或严重磨损,导致挂挡不到位。
检查调整。
(2)换挡摇臂挂挡后无游隙。
检查调整。
(3)自锁件失效(弹簧、自锁销、自锁块)。
检查更换损坏、磨损件。
(4)接合齿磨损严重。
更换损坏件。
(5)轴承或轴承孔严重磨损。
更换损坏件。
(6)换挡件损坏、磨损(换挡板、拉杆、拨块、滑套)。
更换损坏件。
(7)间隙不当。
重新检查调整间隙。

4. 漏油

(1)壳盖有疏松气孔、裂纹或螺孔被穿通。
更换或修补。
(2)紧固件松动。
检查、紧固松动件。
(3)密封件失效、破损(油封、密封垫、衬垫)。
更换失效、损坏件。

(4)通气塞堵塞导致密封件失效或通气塞不合格漏油。

更换清洗。

5. 油温高

正常工作油温100℃,恶劣工况不超过30min,可达130℃。

(1)油量多。

放出多余润滑油。

(2)油变质。

更换规定油品。

(3)间隙过小(轴承、齿轮及相对运动件)。

按规定值调整。

(4)运转件严重磨损(轴承、齿轮等)。

更换损坏件。

6. 其他常见故障

(1)无动力输出。

离合器的原因:摩擦片打滑;

变速器始终在空挡位置不能换挡:换挡球头损坏、操纵杆系失灵、换挡轴卡死不能换挡;

在某个挡位上:二轴断裂、凸缘损坏。

(2)无挡位。

无某个挡(换挡机构没问题):拉杆断裂、拨叉、拨块损坏、同步器损坏。

只有某个挡:

①卡死在某个挡位:二轴断裂、滚针轴承烧死、推块跳出来;

②换挡机构故障,不能换挡;

③同步器卡死。

任务五　制动系统检查与补给

为了确保汽车在复杂多变的道路交通情况下能够高速安全行驶,提高其运输效率,行驶中需随时控制车速。这就需要有一个能使汽车及时减速以至停车,确保汽车行车安全的系统——汽车制动系。

能够产生和控制汽车制动力的一套装置,称为汽车制动系统。制动系统是汽车行驶时的主动安全装置,是确保汽车安全行驶的极其重要的装备。随着道路和汽车的高速发展,需要制动系统的工作非常耐用和可靠,这样车辆在任何情况下,都能安全和迅速的减速或停车。

一、制动系的功用

(1)使行驶中的汽车按照驾驶人的要求进行强制减速甚至停车。

(2)使已停驶的汽车在各种道路条件下(包括在坡道上)稳定驻车。
(3)使下坡行驶的汽车速度保持稳定。

二、制动系的组成

汽车制动系统主要由以下3部分组成。
(1)行车制动装置:行车制动装置使行驶中的汽车减速甚至停下。
(2)驻车制动装置:驻车制动装置使停驶的汽车保持不动,当行车制动出现故障时,驻车制动装置可以作为备用制动装置。
(3)辅助制动装置:辅助制动装置使下坡行驶的汽车速度保持稳定。常用辅助制动装置有排气制动装置、液力制动装置、电涡流制动装置。目前营运客车上用得较为广泛的辅助制动装置是电涡流缓速器。

三、对制动系统的要求

1. 行车制动能力足够

评价参数:汽车在一定初速度下的制动减速度和制动距离。

2. 操纵轻便

评价参数:汽车在紧急制动时的最大操纵力和行程。

3. 方向稳定

制动时不跑偏,要求左、右制动力相等。不甩尾,不失控,要求不发生一轴首先抱死拖滑现象。

4. 滞后小

从开始踩下制动踏板到制动力开始产生时间短,从开始放松制动踏板到制动力开始解除时间短。

5. 驻坡能力大

驻坡能力是指车辆在良好路面上可靠停驻的最大坡度。

6. 热稳定性好

制动器受热,制动性能不易衰退。

7. 水稳定性好

制动器被水浸,制动性能不易衰退。

8. 可靠性好

当汽车制动系统某部分失灵时,汽车不会完全丧失制动能力。

9. 公害小

即噪声、粉尘、污染小。

四、气压制动的结构

现代客车通常都采用双管路制动系统,如图3-46所示,该系统由空气压缩机、湿储气筒、主储气筒,双腔并列膜片式制动阀、膜片式快放阀、前轮制动气室及双针气压表等组成。
空气压缩机产生的压缩空气通过单向阀先进入湿储气筒进行第一次油水分离,然后再通过单向阀分别向主储气筒充气,在储气筒内再自动地进行一次油水分离。

前、后储气筒由管路分别与双腔并列膜片式制动阀的前腔、后腔接通,保持各自的独立性,制动阀的前腔控制后轮制动器,后腔控制前轮制动器。

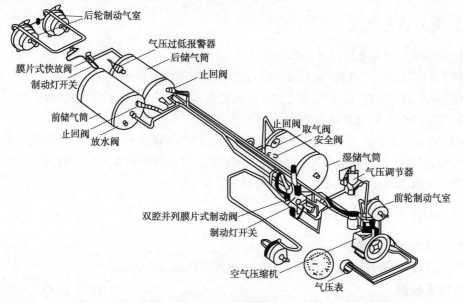

图3-46 气压制动的结构

连接在气压管路中的用气附件,如喇叭、刮水器、车门开关、取气阀(供轮胎充气用)等均与湿储气筒的出气管路相串联,以保证制动用气系统不受附件用气和漏气的影响。

为了缩短解除制动过程的时间,在双腔并列膜片式制动阀的前腔至后轮制动气室之间的通气管路中装有膜片式快放阀,保证后轮制动器迅速彻底地松放。

五、电涡流缓速器

现代较高的交通密度,使得制动频繁(据调查,在交通密集城市的公交车制动次数可达4000～5000次/日)以及下坡长时间的制动都会产生制动器过热现象,导致制动效能衰减,甚至制动失效,尤其客车下坡时潜伏的不安全因素,将直接危及乘客安全。而且制动摩擦片使用周期短,需频繁停车更换制动摩擦片,由此导致运营成本增加,车辆制动还时常发出刺耳的"吱吱"噪音,同时制动时摩擦片材料的磨损还产生污染环境的粉尘,这些都长期困扰着客车使用者。尽管盘式制动器已经逐渐取代鼓式制动器,但仍不能从根本上解决问题。而缓速器作为一种辅助制动系统的先进技术应用于汽车上时便有效地改善了这些问题。电涡流缓速器是一种汽车辅助制动装置,俗称"电刹"。缓速器可以在不使用或少使用行车制动装置的条件下,使车辆速度降低保持稳定,而且不会使车辆紧急制动。

1. 缓速器的概念

缓速器(图3-47)是一种通过提供制动力来降低或者限制车速的辅助制动系统。

它安装在变速器后或后桥前或传动轴中间,通过给传

图3-47 缓速器

动轴一个与转动方向相反的力矩来使车辆的速度降下来。汽车在减速或下长坡时,启用缓速器,可以平稳减速,免去使用制动器而造成的磨损和发热。缓速器只是一种辅助制动系统,它只能使车辆的速度缓下来,而不能使车辆停下来,要使车辆完全停下来还要靠原车的常规制动系统。

2. 缓速器的分类

目前国内汽车缓速器主要有两类:一种是电涡流式缓速器。电涡流缓速器,俗称"电刹",该装置安装在汽车驱动桥与变速器之间,通过电磁感应原理实现无接触制动。另一种是液力式缓速器。它通过压缩空气经电磁阀进入储油箱,将储油箱内的变速器油经油路压进缓速器内,使定子与转子在油液的作用下产生阻力矩,从而实现对车辆的减速作用。除了这两种常见的缓速器外,还有一种永磁式缓速器。永磁式缓速器是采用永久磁铁进行励磁,取代了电涡流缓速器中的电磁铁。

一、制动踏板自由行程检查

在教师带领下,首先调整制动器,使未踩下制动踏板时不会"拖延"或"卡滞"。因为制动踏板自由行程就是为保证不发生制动拖滞、彻底解除制动而设置的。

测量时在制动踏板与驾驶室底板之间立一直尺,用手向下按制动踏板至有阻力时,记下直尺读数;然后放松踏板,再看直尺读数;两次读数之差即为踏板自由行程。气压制动的踏板自由行程一般在 10～20mm 之间,在调整时应按汽车生产厂家规定的数值进行调整(图3-48)。

特别注意:汽车制动系的所有调整都必须在专业维修厂家或是特约维修站进行,本任务中只是教学员检查方法,并在教师带领下完成调整工作任务,学员在工作过程中如果发现自由行程偏大,不得自己操作调整,以免发生事故。

图3-48 制动踏板

二、制动踏板高度的检查与调整

测量踏板高度,即踏板在自由状态下其上表面至底板的距离。各车型技术数据不同,实际检查时以生产厂家维修资料数据为准,不符合规定应进行调整。

三、制动气压与制动灯的检查

(1)起动发动机,5～10min 后检查气压表,此时气压应达到 0.7～0.8MPa,如果气压上升缓慢,则要检查空气压缩机的工作情况和管道漏气情况。

(2)在气压 0.7～0.8MPa 的情况下,踏下制动踏板,检查制动灯是否点亮,如果不亮应检查灯泡和线路。

(3)在气压0.7~0.8MPa的情况下,由一个同学踏下制动踏板并保持,另一同学围绕汽车仔细倾听是否有漏气声音,如果有漏气声音,应根据声源检查制动系统的制动气室、管路。

(4)在气压0.7~0.8MPa的情况下,踏下制动踏板后立即松开,应听到明显的急速的排气声音,如果排气不畅,可能会造成制动卡滞现象。

四、驻车制动的检查

现代大客车都采用了具有弹簧制动的紧急制动和驻车制动,驾驶人通过控制驻车制动阀(图3-49)即能控制驻车制动。驻车制动阀的控制手柄在行车位置停车位置之间能自动回到行车位置,处于停车位置能够锁止。

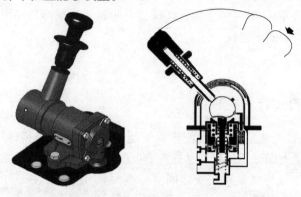

图3-49 驻车制动阀

(1)当手柄在0°~10°范围时,整个汽车处于完全解除制动状态。

(2)当手柄在10°~55°时,汽车处于部分驻车状态,驾驶人松开手柄,驻车制动阀自动回到0°。

(3)当手柄越过止推点达到停车制动锁止位置时,手柄锁死,整个汽车处于全制动状态。

五、电涡流缓速器的维护

除车辆每行驶2个月或20000km时缓速器要进行一次专业维护外,驾驶人还要进行日常的清洁和维护。

1. 日常性清洁

车辆每行驶5000km应清洗一次电涡流缓速器,如车辆在粉尘或泥浆多的地区或在冬季撒盐的道路上行驶,则应注意及时清除转子和定子上的污物,以保证电涡流缓速器工作时产生的热量得到有效的散发。清洗电涡流缓速器应注意如下事项:

(1)清洗前必须断开电源总开关。

(2)电涡流缓速器必须冷却至常温后才能清洗,否则,其磁盘会变形。

(3)转子表面可用高压水冲洗,但定子和线束连接器只能用低压水冲洗。

(4)不能用有挥发性及腐蚀性的溶剂清洗电涡流缓速器。

2. 日常维护

(1)检查变速器转矩输出端(或后桥转矩输入端)油封是否漏油,如漏油,则更换油封。

（2）检查电涡流缓速器的接地线、线束和线束连接器的连接是否良好,如连接不良,则予以修复。

（3）检查制动空气压力传感器、控制器和车速传感器的固定是否牢固,如不牢固,则予以固定牢固。

任务六　刮水器系统检查与补给

刮水器系统的作用是刮除风窗玻璃上的雨水、雪或灰尘,确保驾驶人有良好的视线。刮水器的驱动方式有真空式、气动式和电动式三种,目前汽车上广泛使用的是电动式刮水器。电动刮水器,普遍具有高速、低速及间歇三个工作挡位,而且除了变速之外,还有自动回位的功能。

一、刮水器系统的结构与组成

大客车刮水器如图 3-50 所示,其基本结构是由电动机、传动机构和刮水片三部分组成。如图 3-51 所示,刮水器工作原理是由电动机轴端的蜗杆驱动涡轮,涡轮带动摇臂旋转,摇臂使拉杆往复运动,从而带动安装在刷架上的刮水片左右摆动。

图 3-50　大客车刮水器

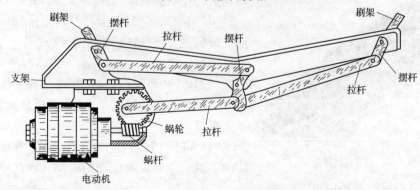

图 3-51　大客车刮水器工作原理

二、电动洗涤器

电动洗涤器的作用是在需要的情况下向风窗表面喷洒专用洗涤液或水,在刮水片配合工作下,保持风窗玻璃表面的清洁。

电动洗涤器由储液罐、洗涤泵、软管、三通接头和喷嘴等组成,如图 3-52 所示。当按下控制开关时,电动机即带动洗涤液泵齿轮旋转,洗涤液以一定的压力经喷嘴喷到风窗玻璃的外表面上。

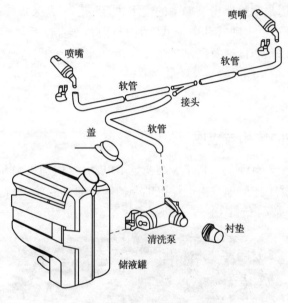

图 3-52　电动洗涤器的组成

三、刮水器的控制开关

如图 3-53 所示,刮水控制开关装在组合开关右手边的操作杆上,控制刮水片的动作。刮水电动机控制方式分为:

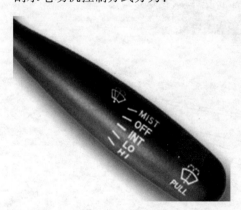

图 3-53　刮水控制开关

(1) OFF 挡:即停止挡,无论刮片运行到何种位置,当从别的挡位回到 OFF 挡时,电动机都会利用蜗轮上的导电盘缺口,始终停留在固定的位置。

(2) LO 挡:即慢挡,操作杆向上拨动一格,此时电机的低速线圈通电,电机低速旋转。用于下小雨时。

(3) HI 挡:即快挡,操作杆再次向上拨动一格,此时电动机的高速线圈通电,电动机高速旋转用于下大雨时。

(4) 间歇挡:有的车标注 INT;有的车标注 MIST。其利用间歇继电器完成隔几秒刮一下,再隔几秒刮一下的动作,此挡用于下小雨时。

（5）喷水挡：在停止状态时，操作杆向上方向抬一格，此时喷水电动机运转，喷出玻璃洗涤液，同时刮水电机低速旋转，当操作杆回位时，停止喷水，刮水电机停到固定位置。平时不用时，操作杆处于 OFF 位置。

一、洗涤液的检查与添加

1. 洗涤液的配制

玻璃洗涤液，是一种不含磨蚀性物质，能迅速清除玻璃上污垢，令玻璃清透明亮的清洁用品。适用于一般汽车玻璃以至有机玻璃及塑料窗，如风窗玻璃及天窗等。玻璃洗涤液的俗称是玻璃水。一般来说，我国汽车用品零售市场上的玻璃洗涤液可分三种：一种夏季常用的，一种专为冬季使用的防冻型玻璃洗涤液，一种是特效防冻型（图3-54）。

客车运输企业除了冬天严寒季节外，一般情况下都由驾驶人自己配制玻璃洗涤液。通常的配方是用硬度不超过205ppm（百万分率）的清水再加上家用洗涤液，两者按20:1 的比例混合。

在教师的带领下完成洗涤液的配制。

2. 洗涤液的检查

在教师的带领下，对照仪表板查找洗涤液状态显示的标志，如果发现标志呈黄色（图3-55），则说明洗涤液的量不足，需添加。

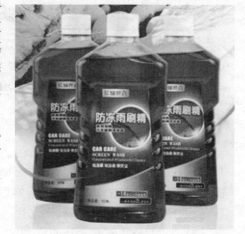

图3-54　洗涤液

也可以直接观察洗涤液储存罐，客车洗涤液储存罐如图 3-56 所示，一般情况下洗涤液储存罐都是透明的，可以直接观察到洗涤液剩余多少。

图3-55　洗涤液不足标志

图3-56　洗涤液储存罐

3. 洗涤液添加

如果仪表板上的洗涤液警告灯点亮，或是驾驶人在做日常维护过程中发现储存罐中的洗涤液不足，应打开储存罐的加液口，将配制好的洗涤液添加到罐中，然后拧紧加液口。

二、喷嘴的调整与检查

汽车洗涤喷嘴分圆形、方形、扁形三种。洗涤器的喷嘴有装一个的或两个的,喷射方向可以调节。单孔喷嘴布置在左右刮水驱动轴附近,双孔喷嘴布置在车身中心线上。喷嘴直径一般为 0.8~1.0mm,喷嘴的喷头是一个球体,使用时用大头针插入内孔,稍稍用力即可调整其朝向,洗涤液喷射到目标面积。喷嘴堵塞时,可用细钢丝加以疏通。

三、刮水片的更换(图 3-57)

图 3-57 刮水片

1. 判断刮水片的性能

如果出现以下情况之一,说明刮水片的性能下降,需要及时更换刮水片。

(1)在下雨情况下,打开刮水器,刮水片刮过后在风窗玻璃上出现了明显的痕迹,部分区域清楚,部分区域模糊,甚至出现条纹状的痕迹。

(2)在打开刮水器工作时,刮水片与风窗玻璃间摩擦引起异响。

(3)通过观察发现刮水片明显老化、变形、开裂。

2. 刮水片的使用周期

一方面,刮水片的使用频率是相当高的,尤其在南方多雨的地区,刮水片每年的刮刷次数都会上万甚至几十万次;另一方面,刮水片的工作环境是相当恶劣的,要面临高温曝晒、寒冬冰冷、沙尘、酸雨、腐蚀及风蚀等。因此,刮水片的工作寿命也是非常有限的。

建议刮水片的更换最好一年一次。

3. 刮水片的更换

(1)首先是确定车辆使用的是哪种规格的刮片水片。

通常的方法是参考随车手册,查看该车注明的刮水片型号。

(2)注意支杆连接至刮水摇臂的方式是否匹配,因为有的支臂是用螺丝固定到摇臂上,安装时要注意。

(3)将刮水拉起来,用手指在清洁后的橡胶刮水片上摸一摸,检查是否有损坏,以及橡胶叶片的弹性怎样。若叶片老化、硬化、出现裂纹,则此刮水片不合格。

(4)在试验时,将刮水开关置于各种速度位置处,检查不同速度下刮水是否保持一定速度。特别是在间断工作状态下,还要留意刮水片在运动时是否保持一定速度。

(5)检查刮水状态,以及刮水支杆是否存在摆动不均匀或漏刮的现象。如果出现以下三种情况,说明此刮水片不合格。一、摆幅不顺,雨刷不正常跳动;二、橡胶之接触面与玻璃面无法完全贴合,而产生擦拭残留;三、擦拭后玻璃面呈现水膜状态,玻璃上产生细小条纹、雾及线状残留。

友情提醒：在更换刮水片时一定要谨慎操作，尤其是在拉起刮水器支架安装刮水片时，一定要将支架拉到锁止位置，否则一旦松开，支架会在弹簧的作用下撞击风窗玻璃，造成风窗玻璃破裂事故。

任务七　传动系统检查与调整

传动系作为汽车底盘的四大系统之一，承担着将发动机的动力按汽车正常行驶需要传送至驱动轮的工作，是汽车正常行驶的动力保障。传动系的结构组成与汽车所选用的动力源类型、发动机的安装位置、汽车的驱动方式等有关。现代中高档客车采用的传动布置形式一般为后置后驱的结构形式，如图3-58所示。

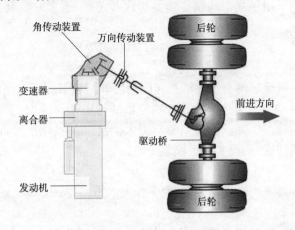

图3-58　后置后驱的传动布置

一、传动系的作用与组成

1. 传动系的作用

传动系应保证汽车具备在各种行驶条件下所能达到的驱动力、车速及两者随道路和交通状况变化的要求；具有良好的动力性和经济性；保证汽车在不改变发动机转向时实现倒车；能使左右驱动轮适应差速要求；能使动力传递平稳地接合或彻底、迅速地分离（图3-58）。

2. 传动系的组成

按结构和传动介质不同，汽车传动系的形式分为机械式、液力机械式、静液式、电力式等。虽然现代汽车传动系的结构和布置形式较多，但构成传动系的各组成部分基本相同。根据传动系的作用和要求，其结构通常由离合器、变速器（分动器）、主减速器、差速器、万向传动装置、半轴等总成和零件组成。

现代客车制造过程中为了保证乘客的舒适性、客车的有效容积和传动系统工作可靠性，一般都采取了发动机后置，后轮驱动的结构布局。这种布局形成了以下优势：

(1)前轴载荷减小,转向轻便。
(2)发动机和传动系的热量、尾气、振动、噪音对车厢的影响小。
(3)没有传动轴经过车厢,可以降低车身中间的隆起,增大车厢可用空间,客车通常将此空间用来设置为行李厢。
(4)客车四轮负荷相对平均,有利于车辆驱动,起步加速能力强。

二、离合器

离合器位于发动机与变速器之间,是汽车传动系中直接与发动机相联系的总成,用来切断和实现发动机对传动系的动力传递。在汽车机械式传动系中广泛采用的是摩擦式离合器。

现代客车一般都采用单片干式膜片弹簧离合器总成,通常的控制方式都采用带气压助力的液压远距离操纵。

1. 离合器的作用

1)平稳起步

在汽车起步时就可通过离合器逐渐接合(与此同时,逐渐踩下加速踏板以增加发动机的输出转矩),利用逐渐增大的摩擦力使离合器输出的转矩逐渐增大,于是发动机的转矩便可由小到大地传给驱动轮产生驱动力。当驱动力大到足以克服汽车的行驶阻力时,汽车便由静止状态开始缓慢地加速,从而实现平稳起步。

2)便于换挡

利用离合器的分离来切断动力传递,便于挂入所需挡位。

3)防止传动系过载

当传动系承受载荷超过离合器所能传递的最大转矩时,离合器会自动打滑以消除这一危害,从而起到对传动系的过载保护作用。

4)传递转矩

在汽车机械式传动系中,发动机转矩是利用离合器的摩擦力矩传递给驱动轮。

2. 对离合器的要求

要使离合器能正常工作,起到以上的作用,对离合器提出以下要求:
(1)保证发动机最大转矩输出。
(2)分离彻底,接合平顺。
(3)良好的散热能力。
(4)操纵轻便。
(5)从动部分质量小,减轻换挡冲击。

3. 离合器的组成(图 3-59)

客车上所使用的干式膜片弹簧离合器一般由操纵机构和传动机构两部分组成。传动机构由压盘、膜片弹簧、飞轮、摩擦片(从动盘)、分离杠杆等组成。

三、万向传动装置

1. 万向传动装置的功用和组成(图 3-60)

在轴线相交,且相对位置经常变化的转轴间传递动力的装置,称为万向传动装置。万向传动装置一般由万向节和传动轴组件,有的还加有中间轴承。

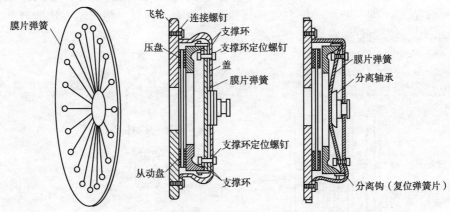

图 3-59　离合器的组成

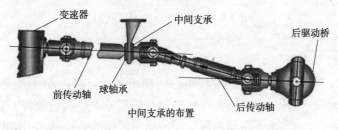

图 3-60　万向传动装置

2. 万向传动装置的应用

1) 变速器与驱动桥之间

一般汽车的变速器、离合器与发动机三者合为一体装在车架上,驱动桥通过悬架与车架相连。在负荷变化及汽车在不平路面上行驶时引起的跳动,会使驱动桥输入轴与变速器输出轴之间的夹角和距离发生变化。

2) 多桥驱动汽车变速器与分动器之间

为消除车架变形及制造、装配误差等引起的其轴线同轴度误差对动力传动的影响,须装有万向传动装置。

3) 转向轴

某些汽车的转向轴装有万向传动装置,有利于转向机构的总体布置。

四、驱动桥

驱动桥处于动力传动系的末端,是将万向传动装置传递过来的动力改变方向,并由主减速器来降低转速或增大转矩,然后经过差速器分配给左右半轴和驱动轮。

1. 驱动桥的作用、组成

驱动桥的作用是将万向传动装置传来的发动机动力经过降速,将增大的转矩分配到驱动车轮。驱动桥由主减速器、差速器、半轴和驱动桥壳等组成。

2. 大客车驱动桥的结构

现代客车基本上全采用整体式的驱动桥。整体式驱动桥又称为非断开式驱动桥,其结构如图 3-61 所示。驱动桥壳为一刚件的整体,驱动桥两端通过悬架与车架连接,左右半轴始终在一条直线上,即左右驱动桥不能相互独立地跳动。当某一侧车轮因地面升高或下降时,整个驱动桥及车身都要随之发生倾斜。

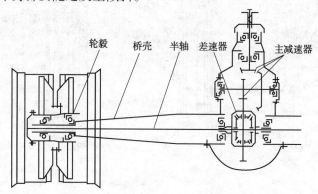

图 3-61　整体式驱动桥结构示意图

3. 主减速器

1）主减速器的作用

主减速器安装在驱动桥桥壳内,主减速器的功用是将万向传动装置或变速器传来的发动机动力通过降速的方法来增加转矩,保证即使变速器处于最高挡位时,汽车也有足够的牵引力以克服行驶阻力;主减速器将增加转矩后的动力传递给差速器,采用纵置发动机的汽车其主减速器还用来改变转矩的方向。

2）主减速器的结构

现代客车基本采用单级主减速器。单级主减速器由一对常啮合的锥齿轮组成,结构如图 3-62 所示,主要由主动锥齿轮、从动锥齿轮、支承轴承等零件组成。

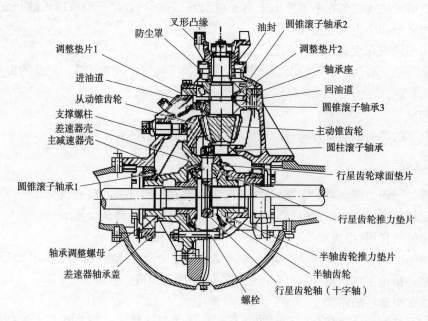

图 3-62　单级主减速器结构

4. 差速器

汽车行驶过程中,车轮对路面的相对运动有两种——滚动和滑动。其中滑动又有滑转和滑移。车轮对路面的滑动不仅会加速轮胎的磨损,增加汽车的动力消耗,而且可能导致转向和制动性能的恶化,所以在正常行驶条件下,应使车轮尽可能不发生滑动。为此,在汽车结构上,必须保证各个车轮有可能以不同角速度旋转。

行星齿轮式差速器主要由行星齿轮、半轴齿轮和差速器壳等组成,如图 3-63 所示。

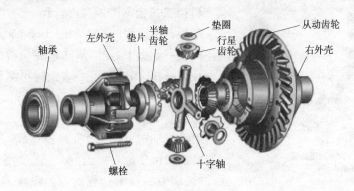

图 3-63　差速器的组成

一、离合器操纵机构的检查与调整

1. 离合器储液罐液面高度检查

检查离合器储液罐内离合器液补加,如图 3-64a)所示。

2. 离合器液压操纵机构泄漏检查

液压操纵机构泄漏检查主要是检查主缸与油管、工作缸与油管及油封等部位是否有离合器液的痕迹,如图 3-64b)所示。

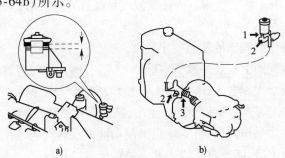

图 3-64　离合器储液罐液面高度检查

3. 离合器踏板检查

1)踩下离合器踏板,检查踏板响应性

(1)踏板回弹是否无力。

(2)是否异响。

(3)踏板是否过度松动。

(4)踏板是否沉重。

2)检查离合器踏板高度

离合器踏板高度的检查如图3-65所示。掀起地毯或地板革,用直尺测量地面到离合器踏板上表面的距离。如果超出标准,应调整踏板高度。

离合器踏板高度可以通过踏板后的限位螺栓进行调整。

3)检查离合器踏板自由行程

踏板自由行程的检查如图3-65所示。用一个直尺抵在驾驶室地板上,先测量踏板完全放松时的高度,再用手轻按踏板,当感到阻力增大时再测量踏板高度,两次测量的高度差即为踏板的自由行程。

4)离合器分离点的检查

启动发动机,使发动机怠速运转。在没有踩下离合器踏板时慢慢地换挡到倒车挡。逐渐踩下离合器踏板,测量踏板的自由行程到齿轮噪声停止进入啮合位置的行程量。

图3-65 离合器踏板高度

4. 离合器工作情况检查

车辆可靠驻停,拉起驻车制动手柄。启动发动机,发动机怠速运转,踩下离合器踏板,换到一挡或倒挡,检查是否有噪声、是否换挡平稳。如果有噪声或换挡不平稳,说明离合器分离不彻底。

5. 离合器液压系统中空气的排出

离合器液压操纵系统在经过检修之后,管路内可能进入空气,在添加制动液时也可能使液压系统中进入空气。空气进入后,由于缩短了主缸推杆行程即踏板工作行程,从而使离合器分离不彻底。因此,液压系统检修后或怀疑液压系统进入空气时,就要排出液压系统中的空气。排出方法如下:

(1)将主缸储液罐中的制动液加至规定高度。

(2)在工作缸的放气阀上安装一软管,接到一个盛有制动液的容器内。

(3)排空气需要两个人配合工作;一个人慢慢地踏离合器踏板数次,感到有阻力时踏住不动;另一个人拧松放气阀直至制动液开始流出,然后再拧紧放气阀。

(4)连续按上述方法操作几次,直到流出的制动液中没有气泡为止。

(5)空气排除干净之后,需要再次检查及调整踏板自由行程。

(6)再次检查主缸储液罐液面高度,必要时添加。

二、万向传动装置的润滑与检查

1. 传动轴的检查与紧固

传动轴各连接部位的螺栓,由于要承受正反转矩的作用,容易引起松动。因此,在使用过程中应经常检查和紧定。

1)检查十字轴是否松旷

将车辆停放在平坦场地,并用三角木掩住车轮;放松驻车制动器,并将变速器置于空挡,然后双手紧握传动轴管,用力左右急剧转动。不应有明显旷量,如有明显松旷,应拆下检查,必要时更换。

2)检查传动轴各紧固螺栓

拉紧驻车制动器,检查和紧定万向节凸缘螺栓。

3)检查中间支承支架与车架的固定螺栓,如有松动应拧紧。

2. 传动轴的润滑

汽车每行驶一定里程后,应按规定向传动轴缩节键齿、键槽和中间支承轴承加注润滑脂;万向节十字轴滚针轴承分加注齿轮油,不分解时也可加注润滑脂。如图3-66所示,滑动花键与注脂嘴(黄油嘴)是润滑油加注的主要部位。

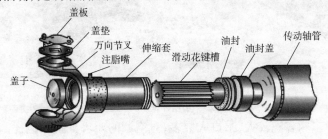

图3-66 传动轴的润滑

三、驱动桥的使用与维护

保持润滑油的油量,使用中应经常检查主减速器的油量。缺油会造成运动机件的早期磨损,严重的会造成烧蚀。然而润滑油也并非多多益善,润滑油过量会造成高温甚至导致漏油。

后桥壳上有两个螺塞:后桥底部的放油螺塞、后桥的加油螺塞。正常液面应始终保持在加油螺塞(下沿)高度。

后桥主减速器使用 API—GL5 等级、SAE85W/90 黏度牌号的齿轮油。

每周应检查主减速器的油面,不足应添加。每周应清洗通气孔,保证通气孔通气良好。车运行 30000km 应更换一次润滑油。

任务八 车厢乘员系统检查与调整

车厢乘员系统是大客车为了保障驾乘人员的舒适性、安全性等所有设施的总称。它一般包括空调暖风系统、音响视频系统、乘客座椅系统、应急逃生系统等组成。

一、空调暖风系统

汽车空调是指对汽车车厢内的空气进行调节,使之在温度、湿度、流速和洁净度上能满足人体舒适需要的装置。汽车空调系统能给车内乘员创造舒适环境,减少疲劳,提高行车安全性。完善的汽车空调系统应由暖风系统、制冷系统、送风系统、空气净化系统、电气控制系统几大部分组成,整体结构如图3-67所示。

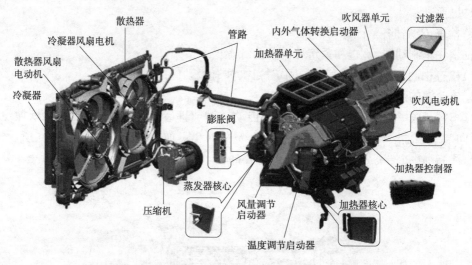

图3-67 中小型客车空调系统组成

但由于大客车车厢容积较大,乘员人数多,对空调的要求也就相应提高,因此,现在大客车空调一般都采用独立式的空调系统。本任务主要以当前大客车使用的独立式空调为例来做介绍。大客车空调系统通常由压缩机、冷凝器、膨胀阀、蒸发器、制冷剂、储液器、干燥瓶、连接管道、电机等组成(图3-68)。

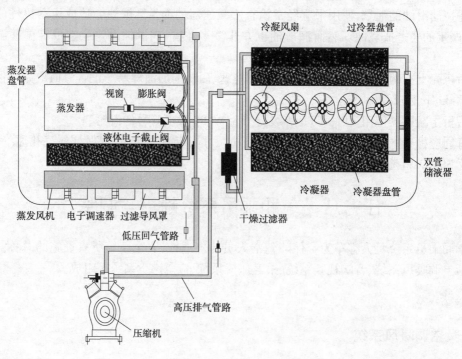

图3-68 大客车空调系统组成

项目三 大客车常见检查作业项目

1. 压缩机

压缩机的功能就像人体的心脏一样,促进血液(制冷剂)在系统中流动,它是一种专门用于提高制冷剂压力的泵。客车空调常用的压缩机有两种:博克压缩机和比泽尔压缩机(图3-69)。

2. 冷凝器

冷凝器采用风冷式结构。其作用是将气体状态的载热制冷剂液化或冷凝。要达到此目的,制冷剂必须放出热。冷凝器风扇强迫空气通过冷凝器的翅片,与其进行热交换,由于空气温度低于冷凝器翅片温度,因而将热从冷凝器中带走,使制冷剂气体冷凝变为液体(图3-70)。

图 3-69 压缩机

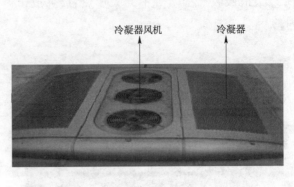

图 3-70 冷凝器

3. 冷凝器风机

冷凝器风机均采用轴流式电机,其空气流动方向与轴线平行。它的特点是风量大、风压小、耗电量小。轴流式风机由扇叶和电动机组成,电动机为防水型(图3-71)。

4. 干燥过滤器

制冷系统中,会由于制造时没有处理干净而带入微量碎屑、尘土,或由于制冷剂的不纯净而带入脏物,也可能由于制冷剂对系统部件内壁发生侵蚀作用而脱落杂质。如果这些污物积聚在膨胀阀(或节流管)内,将阻碍制冷剂流通。因此,管路中必须安装过滤器。由于一般制冷剂工质遇到水会对金属产生强烈的腐蚀作用,而且水在膨胀阀中容易形成冰堵现象,影响制冷剂工作正常进行,所以需要干燥器。

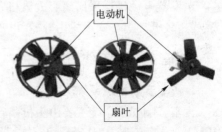

图 3-71 冷凝器风机

友情提醒:在客车空调中,这两者常常是合为一个容器的,称之为干燥过滤器。为保障空调的正常运行,建议一般每年更换一次。

5. 视液镜(俗称视窗)

视液镜用来直接观察系统中制冷剂的流动,并确定系统是否充液不足。当系统正常运行时,可在视窗中观察到无气泡液体的稳定流动。若存在气泡或泡沫,通常表示系统有故障或制冷剂泄漏(图3-72)。

6. 膨胀阀

热力膨胀阀的工作原理是:通过感温包感受蒸发器出口端过热度的变化,导致感温包内充注的工质产生压力变化,并作用于传动膜片上,促使膜片形成上、下位移,再通过传动片将此力传递给传动杆,从而推动阀针上下移动,使阀门关小或开大,起到降压、节流作用,同时自动调节蒸发器的制冷剂供给量,保持蒸发器出口端为设定的过热度,并使蒸发器热交换面积得到充分作用,以及减少液击冲缸现象的发生。因此,热力膨胀阀有三种主要功能:节流、调节和控制。

7. 蒸发器

汽车空调蒸发器属于直接风冷式结构,如图 3-73 所示。它利用低温低压的气雾态制冷剂,蒸发时吸收周围空气中的大量热量,释放出冷气(热交换过程)从而达到车内降温之目的。

图 3-72　视液镜　　　　　　　　图 3-73　蒸发器

8. 蒸发器风机

蒸发器电动机均采用离心式风机,其空气流动方向与进口成直角。它的特点是风压较高、噪声较低。离心式风机由叶轮、电动机和外壳组成,电动机为防水型。

二、音响视频系统

1. 汽车音响视频系统

汽车音响视频系统主要由主机(音频、视频信号源),包括调谐器、磁带放音机、CD 唱机、MP3、VCD 影碟机、DVD 影碟机、传声器等;音频处理电路,包括信号源选择、前置放大、音量音调调节、响度控制等;功率放大器,它为各信号源所共用;扬声器系统,包括 12~26 只扬声器,其布置方式通常为行李架下方,如图 3-74 所示;显示器(多媒体)、电源及供电电路等组成。

2. 汽车多媒体

汽车多媒体是在传统的汽车音响的基础上增加了视频信号源(AV 功能),即 VCD 影碟机或 DVD 影碟机,同时增加了显示器。由于 VCD 和 DVD 兼容 CD 功能,所以 CD 唱机就不需要安装了。

1)主机(信号源)

主机(信号源)是汽车视听系统的节目源,它包括汽车收音机(调谐器)、磁带放音机、CD 唱机、车用 VCD 影

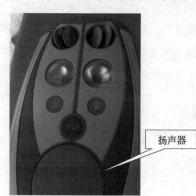

图 3-74　扬声器

碟机或DVD影碟机等。目前,普通中低档车用视听系统的信号源主要是车用收放音机、VCD影碟机,高档汽车视听系统的信号源主要是收音机、车用DVD影碟机,还可以选择MP3和MD。

2)功率放大器

功率放大器简称功放,其主要作用是将来自音源的节目信号或前级弱信号进行电压放大和功率放大,然后推动扬声器还原出声音。按功能不同,功放可包括前置放大器、功率放大器和环绕声放大器三部分。

3)扬声器

扬声器主要指主扬声器、环绕扬声器等,主扬声器通常由低音扬声器、中音扬声器、高音扬声器和分频网络组成。一般环绕声只重放7kHz以下的反射声,故环绕扬声器只需一只中低音扬声器即可。扬声器是把电信号转换成声音的电—声转换器件,是汽车音响的终端元件。

4)显示器

车载显示器是视听系统必不可少的组成之一,大型客车一般使用的是液晶电视机或客车专用显示器。

5)其他设备及附件

汽车音响声音处理设备主要有均衡器、声音处理器和电子分频器等,其他的附件有电源分配器、熔断器、线材和连接器等。

三、乘客座椅系统

乘客座椅系统由乘客座椅、保险带等组成。乘客座椅系统关系到长途旅行过程中乘员的舒适性,影响了旅客的乘坐心理;同时乘客座位上的保险带系统关系到在紧急制动和意外事件发生时乘客的安全。乘客座椅系统的结构如图3-75所示。

四、应急逃生系统

应急逃生系统主要是是指客车发生事故、自燃等一系列重大危害时,车上人员迅速逃离的通道保障系统。事故发生时,由于大客车乘坐人员多,容易引起车上人员慌乱,极易造成群死群伤重大事故,大客车设置应急逃生系统的目的就是在发生危险时,在尽可能短的时间内撤离车上所有人员,确保人民生命安全。

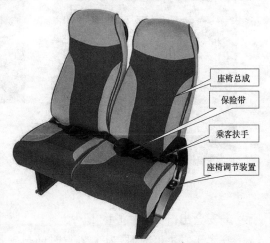

图3-75 乘客座椅系统

1. 客车车门应急开关(图3-76、图3-77)

在客车车门未发生严重变形不能开启的情况下,客车车门是旅客逃生的最重要的通道之一,事故发生的第一时间,驾驶人或乘客应及时打开车门,如果不能通过开关打开,可以通过以下两种方式迅速打开车门。一是车内人员可以通过设置在车内的车门应急开关迅速打开车门(旋转开关,手推开门即可);二是车外人员可能过设置在车外的车门应急开关打开车门(旋转开关,手拉开门即可)。

图3-76　车内客车车门应急开关

图3-77　车外客车车门应急开关

2. 客车安全门

现代大客车在设计时,部分车辆设置了车辆安全门,目的是为了在事故发生后,多一条车上人员逃离的通道,车上安全门如图3-78、图3-79所示。

图3-78　客车安全门1

图3-79　客车安全门2

3. 安全出口(临时逃生口)

在客车发生事故时,为了节省时间迅速撤离乘客,在客车制造时还预留了其他安全出口,如在车顶部和车辆的中后部设置了逃生通道。

车顶部的逃生通道如图3-80所示。车顶部的安全出口操作简单,遇到紧急情况时,只需要用力顶出即可。

在客车的中后部位置都设置了安全锤,如图3-81所示。遇到紧急情况时,只需要用安全锤敲打车窗玻璃的边缘部位,即可迅速敲碎车窗玻璃,形成逃离通道。

项目三 大客车常见检查作业项目

图 3-80 安全出口

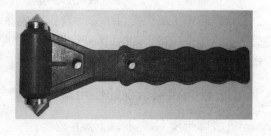

图 3-81 安全锤

任务实施

一、汽车空调的使用与维护

1. 汽车空调的使用

在教师的带领下完成下列操作任务：

(1)起动汽车,待运行正常后打开客车空调系统。

(2)设置为制冷状态,并将温度设置为 22℃,15min 后在车厢内选择前、中、后三个座位头枕处用温度计测量实际温度。

(3)关闭空调,熄灭发动机。

2. 汽车暖风系统的使用

(1)起动汽车,待运行正常后打开客车暖风系统。

(2)设置为暖风状态,并将温度设置为 26℃,15min 后在车厢内选择前、中、后三个座位头枕处用温度计测量实际温度。

(3)关闭暖风,熄灭发动机。

3. 汽车空调的维护

使用空调时尽可能做到以下几点：

(1)车辆处于密封状态,同时拉好窗帘,减少热量辐射。

(2)定期清洗滤水网和滤尘网。

(3)定期对空调进行维护和检修。

(4)定期更换干燥瓶和冷冻油。

(5)每年空调首次使用前,建议由专业人员做一次全面的维护。

(6)温度设定尽量偏高:白天 22~24℃;晚上 24~25℃;风量设定尽量偏大:白天可以最大;晚上保持 3/4。

(7)随车司乘人员,应尽量保持乘客头顶出风口为开启位置,当发现大量出风口关闭,说明温度设定太低,可适当提高 1~2℃。

(8)每天检查空调皮带的松紧度。

(9)每周定期用水清洗压缩机外表,确保压缩机散热。

101

(10)每月定期用高压空气吹洗冷凝器盘管,确保冷凝器散热。

友情提醒: 在冬季,空调系统必须至少每月运行一次,且每次运行时间不得少于30min,这样可以防止压缩机密封垫变干及压缩机轴承氧化。只有当空调系统运行,压缩机才得到润滑。在冬季运行空调时,车厢内温度必须高于温控器设定温度(因此,如有需要,车厢内启动加热装置)。

二、音响视频系统的使用与操作

在教师带领下,完成以下操作内容:
(1)熟悉并使用音响视频系统的操作按键。
(2)选择收音频道并播放。
(3)选择播放CD歌曲。
(4)打开液晶显示器,选择一部电影并播放。

三、乘客座椅系统的检查与调整

(1)收车后,做好车内环境卫生,清理座椅后方储物袋中的杂物。
(2)调整座椅,使靠背至最前位置。
(3)调整扶手并将其放至最低位置。
(4)检查安全带固定端是否良好,检查安全带锁扣是否良好,并将每个座位的安全带对应锁扣好。
(5)在每个座位靠背后的储物袋放置1~2个新的垃圾带。
(6)关闭座椅上方阅读灯,并将空调出风口打开到全开位置。

四、应急逃生系统的检查与维护

1. 车门的检查与维护(图3-82)
(1)操控仪表台上的门开关,查看车门开启与闭合情况。

图3-82　大客车车门

(2)使用车内车门应急开关,用手推开车门,查看开启情况。
(3)使用车外车门应急开关,用手拉开车门,查看开启情况。

(4)检查门上、下铰链工作情况,加注润滑脂。

2. 车顶部的安全出口的检查与维护

(1)用力推开安全出口,按下锁上开关,并将其完全打开。

(2)检查打开过程中是否有卡滞现象,检查锁止开关的工作状况。

(3)检查安全出口的密封情况。

3. 检查车厢中、后部安全出口

检查安全锤是否在规定位置,如果安全锤丢失,应及时补充;如果条件允许学员在教师带领下,做如何快速击碎玻璃试验。

项目四　大客车途中故障的应急处置

项目描述

汽车故障是指汽车部分或完全丧失工作能力的现象。汽车驾驶人在行车过程中难免会遇到一些故障,作为一名专职的汽车驾驶人,了解和掌握一部分汽车常见故障及其排除方法是非常重要的。本项目就是从实用的角度,系统介绍大客车途中常见故障的应急处置。

任务一　离合器分离不彻底的故障排除

汽车在行驶过程中由驾驶人操纵,驾驶人主要操作转向盘、换挡杆、离合器、制动器、加速踏板五大操纵装置,从而掌握汽车的前进方向、行驶车速。但在驾驶过程中不可避免地会形成加速、减速、制动、再加速等情况,也就是说在驾驶时会操作离合器去控制换挡,也会利用制动器去减速停车等。

那么在汽车的驾驶过程中我们对离合器如何进行检查和调整,以确保离合器能够分离彻底,避免接触不稳、并能有效传递发动机转矩呢?

在行驶中遇到紧急情况时,驾驶人选择制动时,制动踏板自由行程的大小对汽车的制动性能又会产生哪些不良的影响呢?

基础知识

一、离合器的功用与要求

1. 功用

(1)使发动机与传动系逐渐接合,保证汽车平稳起步。

(2)暂时切断发动机与传动系的联系,便于发动机的起动和变速器的换挡,保证传动系换挡时工作平顺。

(3)限制所传递转矩,防止传动系过载。

2. 对离合器的要求

(1)具有合适的储备能力。既能保证传递发动机最大转矩,又能防止传动系过载。

(2)接合平顺柔和,以保证汽车平稳起步。

(3)分离迅速彻底,便于换挡和发动机起动。

(4)具有良好的散热能力。

(5)操纵轻便,以减轻驾驶人的疲劳。

(6)从动部分的转动惯量应尽量小,以减小换挡时的冲击。

二、离合器类型

按结构原理不同,离合器可分为摩擦式离合器和液力式离合器;按照从动盘数目,摩擦式离合器又可分为单片离合器、双片离合器、多片离合器。按压紧弹簧的形式不同,摩擦式离合器可分为螺旋弹簧式、膜片弹簧式;按操纵机构方式不同,摩擦式离合器可分为机械式和液压式两种,在这两种操纵机构基础上,一些汽车还采用了弹簧助力或气压助力装置。

三、摩擦片式离合器工作原理

1. 离合器的组成

摩擦式离合器结构如图 4-1 所示。发动机飞轮即为离合器的主动件,带有摩擦片的从动盘和毂通过花键与从动轴(即变速器输入轴)相连,组成离合器从动部分。在压紧弹簧弹力作用下,从动盘(摩擦盘)与飞轮压紧,两者通过摩擦面间的摩擦作用传递发动机转矩。需要中断动力时,只要踩下离合器踏板,套在从动盘毂环槽中的拨叉便克服压紧弹簧弹力向后移动而与飞轮分离,两者之间产生一定间隙,摩擦作用消失,传递动力中断。离合器踏板、分离拨叉构成离合器操纵机构。

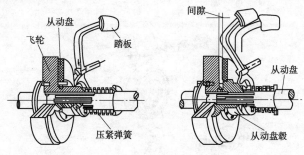

图 4-1 离合器接合、分离状态

2. 摩擦式离合器的工作原理

(1)离合器处于接合状态时,踏板处于最高位置,分离套筒在复位弹簧作用下与分离拨叉内端接触,此时分离杠杆内端与分离轴承之间存在间隙,压盘在压紧弹簧作用下压紧从动盘,发动机的转矩即经飞轮及压盘通过两个摩擦面的摩擦作用传给从动盘,再由从动轴输入变速器。

(2)需要离合器分离时,只要踏下离合器踏板,待消除间隙后,分离杠杆外端即可拉动压盘克服压紧弹簧的压力而向后移动(图中向右移动)从而解除作用于从动盘的压紧力,摩擦作用消失,离合器主、从动部分分离,中断动力传递。(图 4-1)

(3)当需要恢复动力传递时,缓慢抬起离合器踏板,在压紧弹簧压力作用下,压盘向前移动并逐渐压紧从动盘,使接触面之间的压力逐渐增加,相应的摩擦力矩也逐渐增加。当飞轮、压盘和从动盘接合还不紧密,产生的摩擦力矩比较小时,主、从动部分可以不同步旋转,即离合器处于打滑状态。随飞轮、压盘和从动盘压紧程度的逐渐加大,离合器主、从动部分转速也渐趋相等,直至离合器完全接合而停止打滑时,接合过程即告结束。

四、客车离合器的工作原理

1. 操作简要说明

客车离合器的结构如图 4-2 所示。它是通过液/气伺服操作系统进行操纵。驾驶人作用在离合器踏板上的作用力从离合器总泵传递到压缩空气缸,形成伺服系统的主要部分。当从动盘磨损超过一个"设定值"公差时,反作用柱塞从压缩空气系统中卸压,离合器在正常的主动/随动状态中工作。原理如图 4-3 所示。

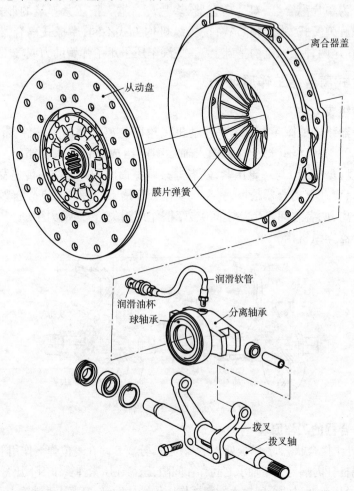

图 4-2　客车离合器的结构

2. 离合器的工作原理

从动盘安装在发动机飞轮和膜片弹簧之间。通常离合器踏板放松时,膜片弹簧上的强力弹簧爪将从动盘稳固地压紧在飞轮上,所以发动机动力通过从动盘的中心花键直接传递给变速器。

当踩下离合器踏板时,这个位移通过液/气伺服系统进行传递,并使离合器操纵臂向前转动拨叉朝向膜片弹簧和从动盘总成的方向。这样依次推动分离轴承挤压膜片弹簧中心部分,并向前移。如果发动机正在运转,膜片弹簧也在旋转,当分离轴承完全推压膜片弹簧中心部分时,分离轴承也开始旋转。膜片弹簧中部受压使分离指弯曲,膜片弹簧于是放松对从动盘的压力,从动盘就离开飞轮端面,这样便切断发动机的动力,从动盘便随着变速器输入轴旋转,从动盘与输入轴用花键连接在一起。

当松开离合器踏板时,这个位移使拨叉和分离轴承离开膜片弹簧,膜片弹簧使从动盘与

项目四 大客车途中故障的应急处置

飞轮压紧,逐渐增加它的旋转速度直至与发动机转速相等。从动盘与飞轮开始接触时产生的扭转振动,由装在从动盘毂中的4个弹簧所吸收,保证了发动机在大转矩和低转速下的平稳接合。

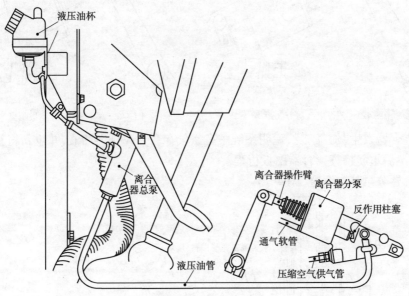

图 4-3 伺服——助力工作机构

以 VOLVO 客车为例,作介绍。

一、离合器的检查与调整

离合器踏板的自由行程,一般是指分离轴承与分离杠杆之间等处间隙的体现。离合器踏板行程如图4-4所示。此间隙随着从动盘摩擦片的磨损而逐渐变小,若间隙太小甚至没有间隙,分离轴承因与分离杠杆长时间接触而会迅速磨损、导致损坏,离合器在接合期会出现"打滑"故障;如间隙太大,离合器将出现分离不彻底的故障。因此,应定期检查调整离合器踏板的自由行程。

1. 离合器踏板与离合器分泵调整

离合器踏板的自由行程必须在 4~5mm 之间,可以用上部限位螺钉(图 4-4)进行调整。

(1)未踩离合器踏板时,测量距离 A 应该在 32~50 mm 之间,如图4-5所示。

(2)踩下离合器踏板时,测量新的距离 B,如图4-6所示。

(3)将尺寸 B 减去 A,其差是伺服活塞的行程,应该在 21~26mm 之间。

(4)如果伺服活塞行程不正确,可以从储气筒中排出压缩空气进行通气试验。方法是关闭发动机,操作制动器若干次。若系统中没有空气排出,离合器操作将变得更加困难。

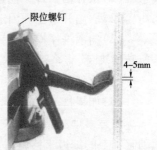

图 4-4 离合器踏板自由行程

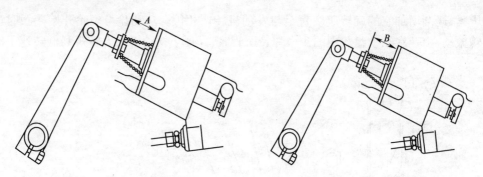

图 4-5　测量离合器分泵距离　　　　图 4-6　踩下踏板时,测量距离

如果离合器发生"海绵感",说明系统中有空气存在。应排出油液,并重新将新的油液注入系统中,然后重新检查离合器踏板行程。

2. 离合器分泵基本调整(图 4-7)

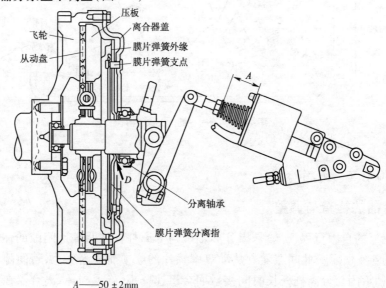

A——50 ± 2mm

D——调整好;A 时,分离轴承和止推垫圈之间没有间隙。

图 4-7　离合器分泵基本调整

当通过反作用柱塞有空气泄露时,或距离 A 接近 32mm(图 4-8),离合器必须进行调整或更换从动盘。

(1)松开活塞杆上锁紧螺母。

(2)取出开口销和固定接头叉的 U 形夹销。

(3)向前推压操作臂,以便消除分离轴承与止推垫圈之间间隙 D,然后沿着活塞杆方向旋转接头叉,直至距离 A 等于 50 ± 2 mm。

(4)重新拧紧活塞杆上锁紧螺母,通过接头叉插入 U 形夹销,并用新的开口销紧固。

(5)如果指示器阀已经活动,将把它压回缸内并整平黄铜垫网。

注意事项:如果活塞杆已调整至它的行程末端,从动盘磨损不太严重,那么可以通过转动它轴上的细齿来移动离合器分离杠杆。从动盘的工作状况只能在离合器与发动机分离时确定。在杠杆和拨叉轴的末端都刻一条横线来标示初始位置。当更换从动盘时,检查分离杠杆的位置,其距离 C 接近 20 mm 或更小才是正确的(图 4-9)。

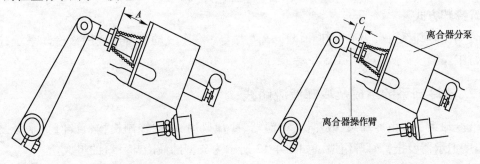

图 4-8　离合器分泵距离 A　　　　　图 4-9　分离杠杆的距离 C

二、离合器性能检查(图 4-10)

起动发动机,不断地踩、松离合器踏板几次,感觉离合器的工作情况。如果离合器踏板踩动显得沉重,将其踩下去并保持 2min。伺服活塞此时应不返回到其备用位置。倾听伺服缸是否有漏气现象。若漏气,则必须修理伺服缸。另外,检查活塞行程,具体方法同上。

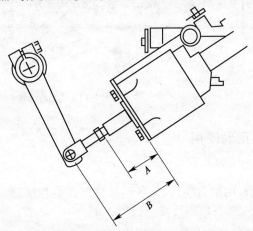

基本设定值 A——55±1.5mm;尺寸 B——最大 115mm;行程——30~32mm;杆长——170mm

图 4-10　离合器性能检查

任务二　发动机冷却液温度过高故障排除

发动机是汽车的动力源,是将某一种形式的能量转变成机械能的机器。按不同的分类标准,汽车发动机往往有不同的种类。例如,根据所用的燃料不同,汽车发动机可以分为汽油机、柴油机、气体燃料发动机等。而大客车上使用的发动机一般是柴油机比较多,如图 4-11 所示。

基础知识

一、冷却系的作用与冷却方式

1.作用

发动机在任何工况下,都能使高温机件得到适当的冷却,始终在最适宜的温度范围内工作。同时,冷却系统还为暖风系统提供热源。

2. 冷却方式

发动机冷却系可分为液冷却和风冷却两大类。汽车发动机普遍使用液冷却系统,冷却液正常工作温度一般为 80~105℃。

二、液冷却系的组成及冷却液流路线

液冷却系一般由冷却泵、散热器、节温器、冷却风扇、风扇控制机构、百叶窗、水套、膨胀罐、温度指示器及报警灯等组成。如图4-12所示为典型的液冷却系统的组成。

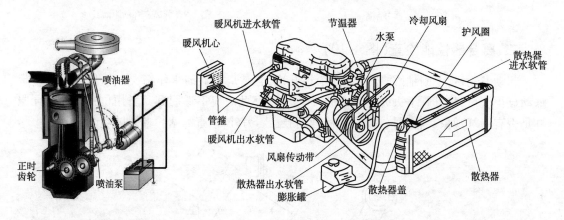

图4-11 柴油机结构简图　　　　　　　图4-12 典型液冷却系统组成

三、柴油发动机的正确使用

1. 柴油机的磨合

新柴油机需要2500km的磨合期,以使各运动件的配合性能进一步提高,保证柴油机的工作可靠性及使用寿命,在磨合期间应注意以下事项:

(1)汽车起步前,柴油机要中低速运转暖机至少5min。

(2)汽车起步后,不能急剧加大转速,需缓慢加速。

(3)柴油机怠速运转不要超过5min。

(4)要经常变换转速,避免柴油机恒速运转时间过长。

(5)适当换挡,防止柴油机低速硬拖。

(6)经常观察机油表、冷却液温度表,保证发动机的正常工作状态。

(7)磨合期间节气门开度不应超过节气门全开的70%。

(8)避免高速高负荷运转。

(9)严禁变动全油门限位螺钉。

2500km磨合期结束后,应更换机油,更换机油滤清器滤芯。

以上对于刚大修好的发动机同样适用。

2. 柴油机起动前的准备

(1)检查膨胀水箱中冷却液是否足够,若不够应添加与发动机内同品牌且同型号的冷却液至规定要求。
(2) 检查油底壳的机油量,若不够应添加与发动机内同品牌且同型号的机油至规定要求。
(3) 检查燃油箱中的燃油是否足够,如不够需补充加注。
(4) 如供油系统中有空气,则用燃油滤清器总成上的手动泵排除燃油管路中的空气。
(5) 检查电气系统各部分是否正常。

3. 柴油机的起动

接通电源开关,组合仪表中的电源电压信号显示正常,方可起动柴油机。柴油机起动后,应及时松开起动开关。如果三次起动未成功,应检查原因,故障排除后,才能再次起动。在柴油机的起动过程中,每次起动不应超过5s。

4. 柴油机的运转

柴油机起动后,使柴油机的低速和中速下空车暖机,当柴油机冷却液温度不低于60℃,机油温度不低于45℃时,才允许带负荷工作。并注意以下各点:
(1) 不允许柴油机长期在急速下运转。
(2) 急速时机油压力不得低于0.1MPa。
(3) 运转期间的机油压力、机油温度及冷却液温度应正常。
(4) 如发现有异响和振动,应立即停车检查。
(5) 注意油、气、水的密封情况,如有泄露,应立即消除。
(6) 新的柴油机或大修后的柴油机不允许一开始就高速、重负荷工作,在最初的2500km之内,应降低功率使用,负荷应不超过65%,以保证柴油机良好的磨合。

5. 柴油机的停车

柴油机避免急速停车。停车前应急速运转3~5min,按停车按钮以使柴油机逐渐冷却下来,然后加中速空转2~3s使柴油机各部分得到充分的机油,然后才能停车。另外,应注意在环境气温低于5℃以下时,如果发动机冷却液是水或者是不能确保不发生冰冻的防冻液,应及时把防冻液放完,以免冻坏机件。

四、柴油发动机使用过程中的安全警示

1. 为使您的柴油机保持良好的排放,请您注意以下事项
(1) 不得随意扩大发动机的使用范围,如放大发动机的油量、提高供油提前角,及私自改装发动机。
(2) 更换喷油器时应把喷油器铜垫和各缸喷油器总成一一对应装好。
(3) 柴油滤清器的油水分离器应按使用说明书的要求及时防水。
(4) 空气滤清器根据使用情况不定期清理滤芯灰尘,安装滤芯时注意检查有无破损,如有破损应马上更换新件,经空滤后到增压器进气口连接管路及接头卡箍应保证绝对密封可靠。
(5) 用户不能有意请油泵维修人员加大油量,更不能自行进行油泵调整,否则非常危险。

2. 有可能让您受到伤害的事
(1) 发动机运行时,不得擦拭、加润滑油或调整发动机。
(2) 宽松的衣服和长发不得接近移动或转动部件,更不能用手触摸移动或旋转部件。
(3) 发动机工作时及工作后1小时内,排气管及增压器等零部件表面温度很高,身体不

能接触,否则容易烫伤。

(4)在发动机高温时,不得马上打开冷却水箱加注盖,因为高温冷却液将会泄出伤人,柴油机会发生"开锅",不要马上停机加冷却液,应使柴油机在怠速运行至少5分钟以上,然后停机加冷却液,再怠速运行,利用放气开关放水,再停机加冷却液,再怠速,如此反复多次才能加够冷却液,确保安全及柴油机正常运转。

(5)在发动机高温时,或冷却液加压时,不得打开冷却系统的加注盖,因为危险的高温冷却液将会泄出。

3. 有可能引起火灾甚至爆炸的事

(1)每天出车前应仔细检查发动机的工作情况,有无漏油、漏气、漏水现象,特别是有燃油、机油及排气泄露时,应及时排除。

(2)向油箱加注燃油时,不得吸烟或有火源靠近。

(3)发动机及汽车上的电线、油管、橡胶或塑料气管、水管等易燃件不得靠近排气管、增压管等高温或高速旋转部件。可燃物距离排气管、增压器等高温部件必须有100mm以上的安全距离,并有可靠的隔热措施。

(4)燃油系统高低压管路不允许与硬件相碰撞摩擦,各种电器线路更不允许与高低压油管干涉。

(5)油压感应塞原装为电气线路及仪表,绝不允许私自改装为用橡胶或尼龙管路连接机械直通仪表。

(6)排气管及增压器安装部位不允许漏气,垫片破损应及时更换正宗配件,排气管与消音器连接凸缘处绝不允许漏气,管路破损不允许焊接修理,应马上更换新件。

(7)转向助力泵油罐、转向泵、转向方向机之间的连接管路如有漏油应马上排除,橡胶连管管路距排气总管100mm以上。

(8)对于起动电动机、充电发电机接线,要求在接线两端加装防护套,以便接好线路后可以用防护套罩住接线裸露金属部分。

(9)汽车接线时不得把柴油管路、电气线路捆绑在一起固定;如果柴油管路、通气通油管路等捆绑在一起固定,也应在管路间加装隔离、防振防护措施。建议柴油管路、电气线路通气通油管路等单独固定,固定时应考虑在与其他物体接触时可能导致摩擦破损的部位加装隔离、防振防护措施。

任务实施

以一大客车冷却液温度过高案例为例,作介绍。

一、故障现象

汽车在运行过程中,冷却液温度表指针经常指在100摄氏度以上(冷却液报警指示灯闪亮或发出警报),并伴有散热器"开锅"现象,且发动机过热,容易产生爆燃。

二、主要故障原因

(1)节温器故障,冷却系不能进行大循环(节温器损坏,在关闭状态无法打开,冷却液只进行小循环,或由于安装不当引起的节温器装反致使节温器阀门不能打开,冷却液只能进行小循环)。

(2)管路、接头、水封及水堵等泄露造成冷却液的严重缺损(由于管路老化,连接接口卡箍不紧,水泵水封和某些进气管道上的水封老化密封不严,缸体或缸盖水堵腐蚀漏水等引起的冷却液亏损严重,造成冷却液循环不良)。

(3)散热器内部由于长时间未清洗造成的水垢过多,散热片堵塞、变形或损坏(由于长时间不更换冷却液,或经常使用硬水等引起的散热器内部导流管结垢过多使冷却液循环过小。散热器长期不清理造成叶片间杂质过多,或叶片受外力变形损坏造成的散热器通风不良)。

(4)冷却液泵工作不良,传动带打滑或断裂。

(5)供油不正时。

三、故障诊断与排除(图4-13)

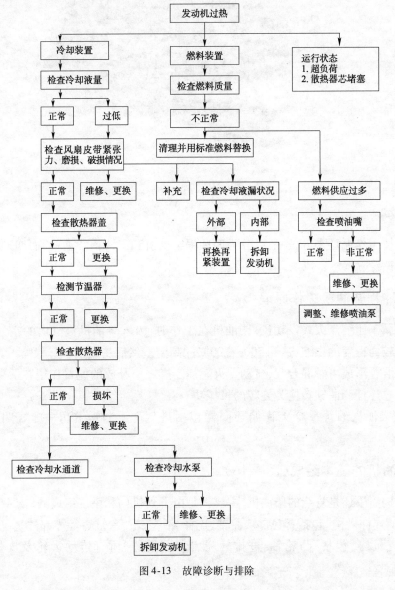

图4-13 故障诊断与排除

任务三　发动机不能起动故障排除

目前,客车上所使用的发动机一般是带有电控技术的柴油机,柴油机采用了此技术,可以实现更为复杂的控制操作,更容易满足人们对柴油机的更高要求,实现更高的燃油经济性、更低的排放污染、更可靠的工作性能等(图4-14)。

图4-14　电控柴油机

基础知识

柴油机按工作循环来分,一般可分为四冲程柴油机和二冲程柴油机,而四冲程柴油机一般用得比较广泛。

一、四冲程柴油机工作原理

柴油机属于压缩点火式发动机,柴油机在工作时,吸入柴油机汽缸内的空气,因活塞的运动而受到较高程度的压缩,达到500～700℃的高温。然后将燃油以雾状喷入高温空气中,与高温空气混合形成可燃混合气,自动着火燃烧。燃烧中释放的能量作用在活塞顶面上,推动活塞并通过连杆和曲轴转换为旋转的机械功。

四冲程柴油机的每一个工作循环同样包括进气—压缩—做功—排气四个过程(图4-15)。

二、柴油机的基本组成(图4-16)

无论结构简单还是复杂的柴油机,主要都是由下列机构和系统组成的(图4-16):

(1)曲柄连杆机构(包括:汽缸体、曲轴、连杆、活塞、缸套、缸盖等零部件)。

(2)配气机构(包括:凸轮轴、进排气门、挺柱、摇臂、所有传动齿轮及皮带轮等零部件)。

(3) 润滑系统(包括:机油泵、机油池、机油管道、机油滤等零部件)。
(4) 供油系统(包括:高压泵、喷油器、柴油滤、柴油管路等零部件)。
(5) 冷却系统(包括:水泵、风扇、散热器、冷却液管路等零部件)。
(6) 启动系统(包括:启动电动机、充电发电机、蓄电池等零部件)。

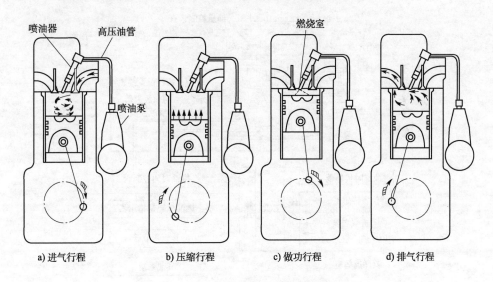

图 4-15 四冲程柴油机工作原理示意图

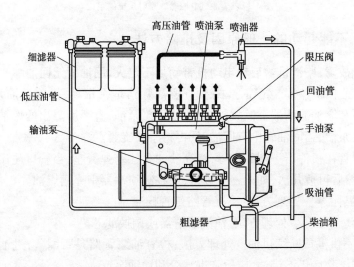

图 4-16 柴油机基本组成

此外还有附属系统:
(1) 监控系统(包括:转速表、冷却液温度表、压力表以及相应的传感器等零部件)。
(2) 增压系统(包括:废气涡轮增压系统和机械增压系统)。

图 4-17 为柴油机电控燃油喷射系统的基本组成。主要由传感器、执行器和发动机电控单元(ECU)组成。传感器检测出发动机或喷油泵本身的运行状态;发动机电控单元(ECU)根据各个传感器的信息,控制发动机的最佳喷油量、最佳喷油时间;执行器根据计算机的指令,准确控制喷油泵或喷油器喷油量、喷油时间和喷油率。

与汽油机电控燃油喷射系统类似,柴油机电控燃油喷射系统传感器包括发动机转速、加速踏板位置、车速、进气压力、进气温度、燃油温度、冷却液温度等传感器。但控制单元和执行器两种系统却有很大不同。根据其发展,常见柴油机电控燃油喷射系统包括:分配泵电控喷射系统、泵喷嘴电控系统以及共轨式电控喷射系统等。

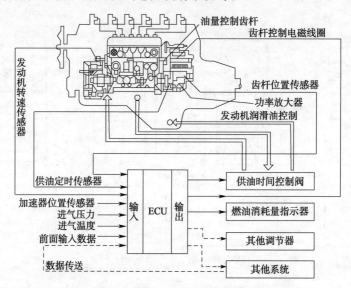

图4-17 柴油机电控燃油喷射系统的组成

三、柴油机不能起动的一般原因及排除方法

1. 燃油系统故障:柴油机被启动电动机带动后不点火,回油管无回油

(1)燃油系统中有空气。处理方法:检查燃油管路是否松动,排除燃油系统中的空气。首先旋开喷油泵和燃油滤清器上的放气螺钉,用手泵泵油,直至所溢出的燃油中无气泡后旋紧放气螺钉。再泵油,当回油管中有回油时,再将手泵旋紧。

松开高压油管在喷油器一端的螺母,撬高喷油泵柱塞弹簧座,当管口注出的燃油中无气泡后旋紧螺母,然后再撬几次,如此逐缸进行,使各缸喷油器中充满燃油。

(2)燃油管路阻塞。处理方法:检查管路是否畅通。

(3)燃油滤清器堵塞。处理方法:清洗滤清器或调换滤芯。

(4)输油泵不供油或断续供油。处理方法:检查油泵管路是否漏气,进油管接头上的滤网是否堵塞。如排除后仍不供油,应检查进油管和输油泵。

(5)喷油很少,喷不出油或喷油不雾化。处理方法:将喷油器拆出,接在高压油泵上,撬喷油泵柱塞弹簧,观察喷雾情况,必要时应拆洗。检查并在喷油器试验台上调整喷油压力至规定范围或更换喷油器偶件。

(6)喷油泵调速器操纵手柄位置不对。处理方法:起动时应将手柄位置推到空载,转速700~900r/min的位置。

2. 电启动系统故障

(1)电路接线错误或接触不良。处理方法:接线是否正确和牢靠。

(2)蓄电池电力不足。用电力充足的蓄电池或增加蓄电池并联使用。

(3)启动电动机电刷与换向器没有接触或接触不良。处理方法:修整或调换电刷,用木砂纸清理换向器表面,并吹净,或调整刷簧的压力。

3. 汽缸内压缩压力不足;喷油正常但不发火,排气管内有燃油

(1)活塞环或缸套过度磨损。处理方法:更换活塞环,视磨损情况更换汽缸套。

(2)气门漏气。处理方法:检查气门间隙、气门弹簧、气门导管及气门座的密封性,密封不好应修理和研磨。

(3)存气间隙或燃烧室容积过大。处理方法:检查活塞是否属于该机型的,必要时应测量存气间隙或燃烧室容积。

(4)喷油提前角过早或过迟,甚至相差180°:柴油机喷油不发火或发火一下又停车。处理方法:检查喷油泵转动轴接合盘上的刻线是否正确或松弛,不符要求应重新调整。

(5)配气相位不对。处理方法:复查配气相位。

(6)环境温度过低:起动时间长,不发火。处理方法:根据实际环境温度,采取相应的低温启动措施。

任务实施

以一客车为例,作分析。

一、故障现象

发动机不能起动。

二、柴油机不能起动基本原因综合分析

(一)起动系统因素

起动系统因素影响柴油机不能起动的原因主要是:蓄电池因素和起动电动机因素。

1. 蓄电池因素

1)蓄电池电力不足

蓄电池电力不足,一定导致柴油机起动困难或不能起动。

因蓄电池电力不足导致柴油机不能起动时,基本现象是:按下起动按钮后,起动电动机有动作,但柴油机基本不转或转动困难。

排除方法:认真检查蓄电池电量,充电或更换。

2)起动电路故障

如果起动电路虚接或断线,同样可能导致柴油机不能起动。其基本现象是:按下起动按钮后,起动电动机没有动作。

排除方法:认真检查起动电路,特别注意蓄电池输出接头铅棒的除锈和紧固。

2. 起动电机故障

起动电机的继电器、电刷或其他电器元件损坏,导致起动电机起动困难或不能起动;起动电动机齿轮损坏,虽然起动电动机动作正常,可以听见起动电机旋转的声音,但是柴油机曲轴也是没有任何反应。

排除方法:修复或更换起动电动机。

(二)供油系统因素

供油系统导致柴油机不能起动的原因主要有:油路系统因素、喷油泵偶件和喷油泵调速器因素。

1. 油路系统因素

油路系统导致柴油机不能起动的主要因素有:油路中有空气、油路堵塞和滤芯太脏三个方面。

(1)油路系统中有空气:如果油路系统中有空气,将导致柱塞泵油不足或根本不泵油。所以,柴油机无法起动。此类故障经常发生在更换滤芯或油管之后,而如果油路系统中有接头密封不严或其他漏油现象,也可能导致柴油机不能起动。

(2)油路系统堵塞:如果油路系统中有软管成90°直角和其他死结或油箱进油口(被杂质)堵死,柴油机不能起动就是正常现象了。

(3)滤清器脏:柴油滤清器太脏,导致柴油通过能力下降或基本不能通过。所以柴油机起动困难或根本不能起动。

其基本现象是:如果柴油机偶然起动成功,但运转几分钟后就会自动熄火。即便不自动熄火,柴油机作业时也显动力不足、转速下降严重且排气无烟。

排除方法:认真检查油路系统、更换滤芯、疏通油路(可用高压空气吹)、紧固所有接头并排空。

2. 喷油泵因素

喷油泵因素导致柴油机不能起动主要因素有:柱塞/出油阀严重磨损、油量控制齿杆卡死或低压输油泵损坏。

1)柱塞/出油阀严重磨损

如果喷油泵的柱塞和出油阀大面积严重磨损,柴油机自然不能起动或起动困难。

由于柱塞和出油阀磨损严重,起动时转速较低,燃油泄露相对严重一些,高压油路系统建压困难,所以柴油机起动困难或不能起动。

柱塞/出油阀导致柴油机不能起动的基本现象:柴油机机油可能越用越多;柴油机作业时动力严重不足且冒黑烟。

排除方法:专业修理喷油泵。

2)油量控制齿杆卡死

由于某些原因(比如:燃油中的水分太多导致齿杆锈蚀)导致油量调节齿杆卡死在断油位置,柴油机无法起动。此类故障常发生在停机一段时间后重新起动柴油机时。其基本特征是:柴油机其他因素一切正常,就是不能起动。

排除方法:专业维修喷油泵。

3）低压输油泵损坏

低压输油泵损坏后,在喷油泵柱塞腔内无法形成足够的燃油预压,导致柱塞泵油不足,所以柴油机不能起动。

排除方法:检查低压油路压力($P \geq 0.15\text{MPa}$)或更换输油泵。

3. 调速器故障

喷油泵调速器拉杆等损坏,导致调速器不能正常工作,也将使柴油机起动困难或不能起动。

排除方法:专业检查或维修喷油泵调速器。

(三)调整因素

柴油机维护时,对某些参数调整不当,也将导致柴油机不能起动。

1. 喷油提前角

(1)检查调整喷油提前角时,看错位置或方向,使喷油提前角完全错位,柴油机不能起动。

(2)拆下检修喷油泵后安装时未对准原有记号或对错记号(可能错位180°),柴油机不能起动。

排除方法:应重新检查并调整喷油提前角。

2. 气门间隙

如果柴油机气门间隙变化太大,导致柴油机的配气相位不对,也可能使柴油机起动困难或不能起动。

排除方法:检查并调整气门间隙。

3. 起动油量

如果柴油机起动油量太小或起动加浓电磁阀损坏,均可能使柴油机起动困难或不能起动。

排除方法:专业检查喷油泵。

(四)操作机构因素

柴油机供油操作机构故障,比如:油门栏杆球头脱落、断掉或卡死、喷油泵上油门拉杆复位弹簧断掉或停机电磁铁故障等,均可能是柴油机不能起动。

1. 节气门控制拉杆因素

(1)节气门拉杆球头脱落或断掉,节气门控制机构失效,柴油机肯定不能起动。观察油门控制机构可以发现:节气门控制手柄有动作,但节气门拉杆没有动作。

(2)如果油门控制器卡死在断油位置,柴油机一样不能起动。其可能现象是:油门控制系统失灵或不能动作。

排除方法:检查油门控制系统,酌情修复。

2. 喷油泵油门复位弹簧

如果喷油泵油门复位弹簧断掉,喷油泵油门控制联动系统失灵,柴油机无法起动。

基本现象是:柴油机一切正常,就是不能起动。

排除方法：重新装上新弹簧。

3. 停机电磁铁故障

如果柴油机使用电动停机，则可能碰到由于停机电磁铁故障而导致柴油机不能起动或不能停机的故障，造成此类故障的基本原因是：

(1)停机电磁铁完全损坏。

(2)停机电磁铁伸缩臂伸缩不灵活。

(3)安装不合适支架或转换接头损坏。

(4)电路问题。

对于(1)、(3)、(4)三个因素造成的故障，可以直接通过拆检诊断出来，对(2)因素造成的柴油机起动困难或不能停机故障，原因有点复杂：①可能停机电磁铁伸缩臂可以滑动，容易忽略其是造成柴油机不能起动或停机故障的罪魁祸；②停机电磁铁伸缩臂不能伸出或伸出量不足，人们一般会认为是电磁铁复位弹簧弹力大造成的，为了能够起动柴油机，应急方法是去掉停机电磁铁伸缩臂复位弹簧，这样做的结果是，柴油机起动可能没有问题了，但随之而来的问题是柴油机停机困难或不能停机。为避免出现类似现象，因此建议：在排除了因安装或电路等原因后，柴油机如果经常出现起动或停机困难时，应该认真检查停机电磁铁是否自身存在问题。如果需要去掉复位弹簧才能起动柴油机时，则说明停机电磁铁伸缩臂已存在问题，此时可以拆下其与新的产品进行比较（如果手感认为旧件伸缩臂伸缩阻力比新件的大，则说明旧的停机电磁铁有问题，不能继续使用，必须予以更换；也可以测量新旧停机电磁铁的电流通过量或通电后观察新旧电磁铁伸缩臂的伸缩量，如果发现旧件的电流通过量大于新件或旧件伸缩臂的伸缩量小于新件时，则说明该停机电磁铁有问题，应该予以更换）。

(五)其他因素

柴油机不能起动，除了上述影响因素外，可能还有下列因素：

1. 环境因素

由于冬季环境温度太低，超出了柴油机自身可以起动的最低极限温度后，柴油机自然起动困难。遇到类似现象时，需要采取特殊预热措施才能起动柴油机。

2. 机械因素

影响柴油机起动的机械因素有：

1)飞轮齿圈损坏

如果飞轮齿圈损坏，柴油机起动时，起动电动机有动作和空转声，柴油机曲轴不动。

2)喷油泵联轴器或正时齿轮损坏

喷油泵联轴器或正时齿轮损坏，柴油机起动时一切似乎正常，但喷油泵高压油管无油。

排除方法：认真检查相关部位，酌情修复。

三、故障诊断与排除（图4-18）

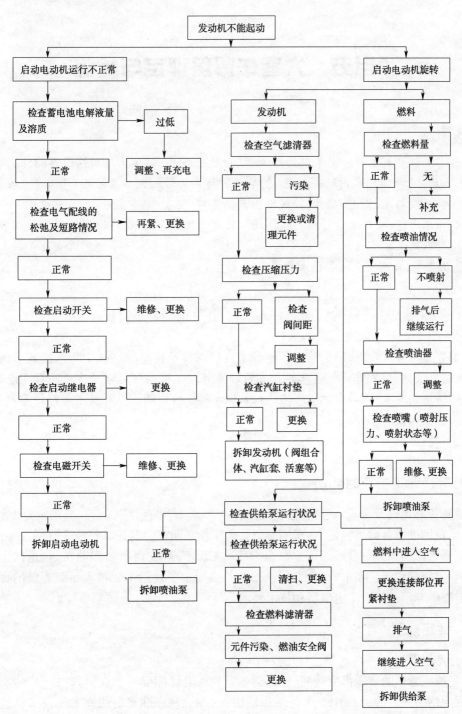

图4-18　故障诊断与排除

项目五　大客车等级评定与检验

项目描述

大客车等级评定主要评定车辆的动力性、行驶平顺性、制动性、密封性、车内噪声、空气调节、乘客座椅(卧铺)、车内服务设施、整车布置与内饰等。大客车检验(年审)主要包括:检测尾气、车速、灯光、侧滑、底盘,外观检测车辆号牌、类型、车身颜色、发动机号、VIN 代码、车架号的正确无误;检验车身外观,包括保险杠、发动机舱、后视镜、下视镜、风窗玻璃、漆面、发动机运转状况及客车内部和车轮等细节进行检查。营运客车一年通常需要有 4 次二级维护,1~2 次年审,分别由交通部门和交警部门负责执行。

任务一　大客车的等级评定

为加强车辆技术管理,确保营运车辆处于良好的技术状况,根据《中华人民共和国道路运输条例》和交通部《汽车运输业车辆技术管理规定》《道路旅客运输及客运站管理规定》等相关法律法规的要求,营运车辆应严格执行营运车辆综合性能检测和技术等级评定制度,确保车辆符合安全技术条件。

基础知识

一、等级评定制度的依据

《道路旅客运输及客运站管理规定》第三章客运车辆管理,第三十五条中规定"客运经营者应当定期进行客运车辆检测,车辆检测结合车辆定期审验的频率一并进行。"

《营运客车类型划分及等级评定》(JT/T 325—2013)和交通运输部颁布的《道路运输车辆技术等级划分和评定要求》(JT/T 198—2016)中规定了营运车辆技术状况等级的评定内容、评定规则、等级划分、评定项目和技术要求。

二、评定规则

1. 评定原则

凡是投入营运的车辆都应达到《道路运输车辆综合性能要求和检验方法》(GB 18565—2016)规定的要求。因为 GB18565 是强制性国家标准,该标准规定的要求是投入营运的车辆都应达到最基本的要求,凡是投入营运的车辆,不论哪一级,都必须达到这些要求。

营运车辆的级别应按《道路运输车辆技术等级划分和评定要求》(JT/T 198—2016)标准中规定的分级项要求来确定。

2. 评定等级

营运车辆技术等级划分为：一级车、二级车和三级车。"三级车"是营运车辆技术等级中最低一级要求，是社会车辆进入道路运输业，从事营运的门槛。

1) 一级车要求

一级车必须满足的分级项目有：整车装备与标识；车身、车架、驾驶室；车门、车窗；车轮、轮胎；驱动轮输出功率；等速百公里油耗；制动力平衡；车轮阻滞力；转向盘最大自由转动量；排放污染物控制；车速表示值误差(11项)。

当受检车辆达到上述标准中规定项目的一级车技术要求，且不分级的项目达到合格要求时，可以评为一级车。

2) 二级车要求

二级车必须达到的分级项目有：车架、车身、驾驶室；车轮、车胎；制动力平衡(3项)。

当受检车辆除达到上述3项二级车的技术要求外，还必须在8个一级车项目(整车装备与标识；车门、车窗；驱动轮输出功率；等速百公里油耗；车轮阻滞力；转向盘最大自由转动量；排放污染物控制；车速表示值误差)中，至少有3项达到一级车的技术要求，且不分级的项目达到合格要求时，方可评为二级车。

3) 三级车要求

三级车是车辆申请从事营运的最低技术要求，也是对营运车辆最起码的技术要求。

受检车辆在分级的项目中应达到三级车的技术要求，且没有分级的项目都达到合格要求时，方可以评为三级车。达不到三级的车辆，不能参与道路营运。

三、评定内容

技术等级评定的内容为：评定营运车辆整车装备及外观检查、动力性、燃料经济性、制动性、转向操纵性、前照灯发光强度和光束照射位置、排放污染物限值、车速表示值误差等。

四、评定项目和技术要求

营运车辆技术等级的评定项目和技术要求，见表5-1。

营运车辆技术等级的评定项目和技术要求　　　　表5-1

序号	项目	技术要求		
		一级	二级	三级
1.1		整车装备与外观		
1.1.1	整车装备与标识	整车装备应齐全、完好、有效，各连接部件紧固完好，车体应周正；车体外缘左右对称部位(在离地高1.5m以内测量)高度差不大于20mm；左、右轴距差不大于轴距1.2/1000　GB 18565—2001 的 11.1.2 和 11.1.3　11.1.2 车辆的结构不得任意改造。　11.1.3 营运车辆的车顶、车门、车身、风窗玻璃等部分的标识应统一，齐全有效，并符合有关规定	GB 18565—2001 的 11.1　11.1.1 整车整备应齐全、完好、有效，各连接部件不见紧固完好。车体应周正，车体外缘左右对称部位(在离地高1.5m内测量)高度差不得大于40mm；左右轴距不大于轴距的1.5/1000)	

续上表

序号	项 目	技术要求		
		一级	二级	三级
1.1.2	车架、车身、驾驶室	GB 18565—2001 的 11.8.1、11.8.2、11.8.4、11.8.5 和 11.8.7 表面无锈迹、无脱掉漆。 11.8.1 车身和驾驶室的技术状况应能保证驾驶员有正常的工作条件和客货安全。 11.8.2 车身和驾驶室应坚固耐用,车架、车身与驾驶室不得有开裂、锈蚀和明显的变形,螺栓和铆钉不得缺少或松动,车身与车架的连接应安装牢固。 11.8.4 车身外部和内部都不应有任何可能使人致伤的尖锐突起物。 11.8.5 驾驶室和乘客舱所有的内饰材料应具有阻燃性。 11.8.7 驾驶室必须必须保证驾驶员的前方视野和侧方视野。车窗玻璃不允许张贴妨碍驾驶员视野的附加物及镜面反光遮阳膜		GB 18565—2001 的 11.8.1、11.8.2、11.8.4、11.8.5 和 11.8.7
1.1.3	车门、车窗	GB 18565—2001 的 11.8.6.1 玻璃应完好无损	GB 18565—2001 的 11.8.6.1 11.8.6.1 车身和车窗的启闭轻便,不得有自行开启的现象,锁止可靠,玻璃升降器应完好 玻璃不得缺损	
1.1.4	驾乘座椅	GB 18565—2001 的 11.8.3 和 11.8.10 11.8.3 货箱的栏板和地板应平整;客车车身与地板应密合,应有防止发动机废气进入车厢内部的有效措施。地板和座椅应具有足够的强度,座椅和扶手应安装牢固可靠。乘客座椅间距不得采用沿滑道纵向调整的结构。 11.8.10 车长大于 6m 的客车同方向座椅的座间距不得小于 650mm,面对面座椅的座间距不得小于 1200mm		
1.1.5	卧铺[a]	GB 18565—2001 的 11.8.12 卧铺客车的卧铺应采用"1+1"或"1+1+1"纵向布置(与车辆前进方向相同),卧铺宽度应不小于 450mm,卧铺纵向间距应不小于 1400mm,相邻卧铺的间距应不小于 350mm		
1.1.6	行李架(舱)[a]	GB 18565—2001 的 11.8.11 中级、中级以上车长大于或等于 9m 的营运客车和卧铺客车车身顶部不得设置行李架,应设置符合有关标准要求的行李舱。其他客车需设置车外顶行李架时,其顶架载荷按每个乘客 10kg 行李核定,且行李架长度不得超过车长的三分之一		
1.1.7	安全出口[a]、安全带	GB 18565—2001 的 11.8.9 和 11.11.1 11.8.9 安全出口 11.8.9.1 长大于 6m 的客车,如车身右侧仅有一个乘客上下的车门时,应设置安全门或安全窗。卧铺客车应设置车顶安全出口。其卧铺布置为上、下双层时,侧窗布置应为上下双排。使用安全门时应保证不用其他器具即可将其向外推开。安全出口的数量及位置应符合有关规定。 11.8.9.2 安全门应满足下列要求:a)安全门的净高不得小于 1250mm,净宽不得小于 550mm;b)门铰链设在门前端,向外开启角度应不小于 100°,并能在此角度下保持开启,同时设有开启报警装置;c)通向安全门的通道宽度应不小于 300mm,不足 300mm 时,允许采用迅速翻转座椅等方法加宽通道;d)车内外应设应急开门把手,车外把手距地面高度应不大于 1800mm;e)关闭时应能锁止;f)在安全门或安全窗处有醒目的红色标志和操纵方法,字体高度应不小于 20mm		

续上表

序号	项目	技术要求		
		一级	二级	三级
1.1.7	安全出口 a、安全带	11.8.9.3 安全窗应满足下列要求:a)安全窗和安全顶窗的面积应不小于 $3×10^5 mm^2$,且能内接一个 400mm×600mm 的椭圆;车辆后端面的安全窗的面积应不小于 $4×10^5 mm^2$,且能内接一个 500mm×700mm 的矩形;b)安全窗应易于向外推开或用手锤击破玻璃,在其附近应备有便于取用的击碎出口玻璃的专用工具。 11.11.1 汽车安全带。 11.11.1.1 座位数小于或等于20(含驾驶员座椅,下同)或者车长小于或等于6m 的载客汽车和最大设计车速大于 100km/h 的载货汽车和牵引车的前排座位必须装置汽车安全带。长途客车和旅游客车的驾驶员座椅及前面没有座椅或护栏的座椅应安装汽车安全带。安全带应有认证标志。 11.11.1.2 卧铺客车的每个卧铺位均应安装两点式汽车安全带。 11.11.1.3 汽车安全带应可靠有效,安装位置应合理,固定点应有足够的强度		
1.1.8	车厢、地板、护轮板(挡泥板)	GB 18565—2001 的 11.8.3 和 11.8.15 11.8.3 货箱的栏板和地板应平整;客车车身与地板应密合,应有防止发动机废气进入车厢内部的有效措施。地板和座椅应具有足够的强度,座椅和扶手应安装牢固可靠。乘客座椅间距不得采用沿滑道纵向调整的结构。 11.8.15 轿车应装有护轮板,挂车后轮应装有挡泥板,其他车辆的所有车轮均应有挡泥板		
1.1.9	车轮、轮胎	微型车辆胎冠花纹深度不小于3.2mm,其他车辆转向轮的胎冠花纹深度不小于3.5mm,其余轮胎花纹深度不小于2.5mm		GB 18565—2001 的 11.9.1
		11.9.1 车轮和轮胎 11.9.1.1 轮胎的磨损:轿车和挂车胎冠上花纹深度不得小于1.6mm;其他车辆转向轮的胎冠花纹深度不得小于3.2mm,其余轮胎胎冠花纹深度不得小于1.6mm。 11.9.1.2 轮胎胎面不得有因局部磨损而暴露出轮胎帘布层。轮胎的胎面和胎壁上不得有长度超过25mm 或深度足以暴露出轮胎帘布层的破裂和割伤。 11.9.1.3 同一轴上轮胎规格和花纹应相同,轮胎规格应符合车辆出厂时的规定,同一轴上轮胎外径的磨损程度应大体一致。 11.9.1.4 汽车转向轮不得装用翻新的轮胎。 11.9.1.5 汽车装用的轮胎应与其最大设计车速相适应。 11.9.1.6 轮胎负荷不应超过该轮胎的额定负荷,轮胎的充气压力应符合该轮胎承受负荷时规定的压力。 11.9.1.7 最大设计车速超过120km/h的车辆,其车轮应做动平衡,并应符合有关技术要求。 11.9.1.8 轮胎螺母和半轴螺母应完整齐全,并应按规定力矩紧固。 11.9.1.9 车辆总成的横向摆动量和径向跳动量:总质量小于或等于4500kg 的汽车不得大于5mm;其他车辆不得大于8mm		
1.1.10	悬架装置	GB 18565—2001 的 11.9.2、11.9.3 和 11.9.5 11.9.2 钢板弹簧不得有裂纹和断片现象,其弹簧形式和规定应符合产品使用说明书的规定。中心螺栓和U形螺栓应紧固。 11.9.3 减振器应齐全有效。 11.9.5 车桥与悬架之间的各种拉杆和导杆不得变形,各接头和衬套不得松旷和移位		

续上表

序号	项目	技术要求		
		一级	二级	三级
1.1.11	传动系、车桥	GB 18565—2001 的 11.10 和 11.9.4 11.10 传动系 11.10.1 离合器踏板自由行程应符合原厂规定的该车技术条件的有关规定。 11.10.2 离合器踏板力应不大于 300N。 11.10.3 离合器应接合平稳,分离彻底,工作时不得有异响、抖动和不正常打滑现象。 11.10.4 变速器和分动器,换挡时齿轮啮合灵便,互锁、自锁、倒挡锁装置有效,不得有乱挡和自动跳挡现象,换挡时变速杆不得与其他部件干涉。运行中无异响。 11.10.5 传动轴在运转时不得发生振抖和异响,中间轴承和万向节不得有裂纹和松旷现象。 11.10.6 驱动桥工作应正常且无异响。 11.9.4 前、后桥不得有变形和裂纹		
1.1.12	转向节及臂、横、直拉杆及球销	GB 18565—2001 的 7.11(转向节及臂,转向横、直拉杆及球销应无裂纹和损伤,并且球销不得松旷。对车辆进行改装或修理时,横直拉杆不得拼焊)		
1.1.13	制动装置(行车、应急、驻车)	GB 18565—2001 的 6.1、6.2、6.9 和 6.13.2.2 6.1 车辆应具有行车制动、应急制动和驻车制动功能。 6.2 行车制动系制动踏板的自由行程应符合该车原厂规定的有关技术条件。 6.9 车辆的行车制动必须采用双管路或多管路。 6.13.2.2 检查汽车是否具有有效的应急制动装置。如受检汽车没有应急制动装置或对应急制动性能有质疑时,应按6.13.2.3 的规定检验其应急制动性能。 6.13.2.3 应急制动性能要求:汽车在制动试验台上,应急制动起作用时,其测得的制动力应符合表1 的规定。 表1 汽车应急制动力要求 	车辆类型	应急制动力总和占整车重量百分比(%)	允许操纵力(N)	
---	---	---	---
		手操纵	脚操纵
座位数≤9 的载客汽车	≥30	≤400	≤500
其他载客汽车	≥26	≤600	≤700
载货汽车	≥23	≤600	≤700			
1.1.14	螺栓、螺母紧固	GB 18565—2001 的 11.9.1.8 和 11.9.2 11.9.1.8 轮胎螺母和半轴螺母应完整齐全,并应按规定力矩紧固。 11.9.2 钢板弹簧不得有裂纹和断片现象,其弹簧形式和规格应符合产品使用说明书的规定。中心螺栓和 U 形螺栓应紧固		
1.1.15	灯光数量、光色、位置	GB 18565—2001 的 8.4~8.13 8.4 所有前照灯的近光都不得眩目。 8.5 汽车和挂车的外部照明和信号装置的数量、位置、光色、最小几何可见角度等应符合 GB 4785 的有关规定。 8.6 全挂车应在挂车前部的左右各装一只红色标志灯,其高度应比全挂车的前栏板高出 30mm~400mm,距车厢外侧应小于 150mm		

续上表

序号	项目	技术要求		
		一级	二级	三级
1.1.15	灯光数量、光色、位置	8.7 车辆应装置后回复反射器，车长大于10m的车辆应安装侧回复反射器，汽车列车应装有侧回复反射器。回复反射器应能保证夜间在其正前方150m处汽车前照灯照射时，在照射位置就能确认其反射光。 8.8 装有前照灯的车辆应有远近光变换装置，并且当远光变为近光时，所有的远光应同时熄灭。同一辆车上的前照灯不允许左、右的远、近灯光交叉开亮。 8.9 车辆的前位灯、后位灯、示廓灯、挂车标志灯、牌照灯和仪表灯应同时启闭，当前照灯关闭和发动机熄火时仍能点亮。 8.10 空载高为3m以上的车辆应安装示廓灯。 8.11 车辆应安装一只或两只后雾灯，只有当远光灯、近光灯或前雾灯打开时，后雾灯才能打开。后雾灯可以独立于任何其他灯而关闭。后雾灯可以连续工作，直至位置灯关闭时为止，之后一直处于关闭状态，直至再次打开，车辆(除挂车外)可以选装前雾灯。 8.12 车辆应装有危险报警闪光灯，起操纵装置应不受电源总开关的控制。危险报警闪光灯和转向信号灯的闪光频率为1.5Hz±0.5Hz；起动时间应不大于1.5s。 8.13 汽车及挂车均应安装侧转向灯，若汽车前转向灯在侧面可见时则视为满足要求。铰接式车辆每一刚性单元必须装有至少一对转向灯		
1.1.16	信号装置与仪表	GB 18565—2001 的 8.14～8.20 8.14 车辆仪表板上应设置与行驶方向相适应的转向指示信号和蓝色远光指示信号灯。 8.15 仪表板上应设置仪表灯。仪表灯亮时，应能照清仪表板上所有仪表并不得眩目。 8.16 各种客车应设置车厢灯和门灯。车长大于6m的客车应至少有两条车厢照明电路，仅用于进出口处的照明电路可作为其中之一。当一条电路失效时，另一条应能正常工作，以保证车内照明，但不得影响驾驶员的视线和其他机动车的正常行驶。 8.17 车辆照明和信号装置的任一条线路出现故障，不得干扰其他线路的正常工作。 8.18 车辆前、后转向信号灯、危险报警闪光灯及制动灯白天距100m可见，侧转向信号灯白天距30m可见；前、后位置灯、示廓灯和挂车标志等夜间好天气距300m可见；后牌照灯夜间好天气距20m能看清牌照号码。制动灯的亮度应明显大于后位灯。 8.19 车长大于6m的客车应设置电源总开关，分线路保险完善的客车除外。 8.20 车速里程表、水温表、机油压力表、电流表、燃油表、气压表等各种仪表和信号装置应齐全有效		
1.1.17	漏气、漏油、漏水、漏电	GB 18565—2001 的 10.2 和 8.21 10.2 连接件密封性 汽车上各连接件无漏油、漏水和漏气现象。 8.21 发电机技术性能应良好。蓄电池应保持常态电压。所有电气导线应捆扎成束、布置整齐、固定卡紧、接头牢固，并有绝缘套，在导线穿越孔洞时需设绝缘套管		
1.1.18	底盘异响	GB 18565—2001 的 11.6.2 11.6.2 车辆运行当中底盘应无异响		
1.1.19	发动机异响	GB 18565—2001 的 11.6.1 11.6.1 发动机运转应无异响，运转和加速时不得有回火放炮现象		
1.1.20	润滑	GB 18565—2001 的 11.7.1 和 11.7.3 11.7.1 各部润滑良好，发动机机油压力应符合该车有关技术条件的规定。 11.7.3 变速箱、后桥等总成和部件的润滑油的规格和用量应符合规定		
1.1.21	灭火器	GB 18565—2001 的 11.11.12 营运车辆应装备与其相适应的有效灭火装置，灭火装置应安装牢靠并便于取用		

续上表

序号	项目	技术要求		
		一级	二级	三级
1.1.22	车内外后视镜、前下视镜	GB 18565—2001 的 11.11.2 11.11.2 车内外后视镜和前下视镜。 11.11.2.1 车辆(挂车除外)必须在左右各设置一面后视镜;车长大于6m的平头客车和平头载货汽车车前应设置一面下视镜。轿车和客车驾驶室内应设置一面内后视镜。 11.11.2.2 车辆车外后视镜的安装位置和角度应保证看清车身左右外侧、车后50m以内的交通情况。前下视镜应能看清风窗玻璃前下方长1.5m、宽3m范围内的情况。 11.11.2.3 车内外后视镜和前下视镜应易于调节,并能有效保持起位置。 11.11.2.4 安装在外侧距地面1800mm以下的后视镜,当行人等接触该镜时,应具有能够缓和冲击的功能		
1.1.23	侧面、后下部防护装置[b]	GB 18565—2001 的 11.11.9 11.11.9 汽车和挂车侧面及后下部防护装置。 11.11.9.1 总质量大于3500kg的载货汽车和挂车两侧必须装备侧面防护装置,但本身结构已能防止行人和骑车人等卷入的汽车和挂车除外。 11.11.9.2 除牵引车和长货挂车以外的汽车及挂车,空载状态下其车身或无车身底盘总成的后端离地间隙大于700mm时,必须装备能有效防止其他机动车和非机动车等从车辆后下方嵌入的防护装置		
1.2		动力性		
1.2.1	驱动轮输出功率	GB/T 18276—2000 表1中额定值的要求	GB/T 18276—2000 表1中允许值的要求	
1.2.2	滑行性能	GB 18565—2001 的 11.5 11.5 滑行性能。 11.5.1 用底盘测功机检测时,按12.5.1规定的方法测得的初速为30km/h的滑行距离,应符合表11的规定。 表11 车辆滑行距离要求 | 汽车整备质量 M(kg)	双轴驱动车辆的滑行距离(m)	单轴驱动车辆的滑行距离(m)
---	---	---
M<1000	≥104	≥130
1000≤M≤4000	≥120	≥160
4000 5000 8000M>11000	≥214	≥270 | 11.5.2 路试检测时,按12.5.2规定的方法测得的初速度为30km/h的滑行距离应符合表11的规定。 11.5.3 按12.5.3规定的方法测得的滑行阻力 P_s,应符合 $P_s \leq 1.5\% Mog$ 式中,P_s—滑行阻力,N;M—汽车的整备质量,kg;g—重力加速度,$9.8m/s^2$。 11.5.4 车辆的滑行性能符合11.5.1、11.5.2 或 11.5.3 中任一项为合格。		
1.3		燃料经济性		
1.3.1	等速百公里油耗	不大于该车型制造厂规定的相应车速等速百公里油耗的103%	不大于该车型制造厂规定的相应车速等速百公里油耗的110%	
1.4		制动性		
1.4.1	制动力	GB 18565—2001 的 6.13.1.1 和 6.13.1.2(6.13.1.1 汽车在制动试验台上测出的制动力应符合下表的规定)		

续上表

序号	项目	技术要求		
		一级	二级	三级
1.4.1	制动力	台试制动力要求 | 机动车类型	制动力总和与整车重量百分比		轴制动力与轴荷①的百分比	
	空载	满载	前轴	后轴
乘用车、总质量不大于3500kg的货车	≥60	≥50	≥60②	≥
其他汽车、汽车列车				— | ①用平板制动检验台检验乘用车时应按动态轴荷计算 ②空载和满载状态下测试均应满足此要求 6.13.1.2 台试时的制动气压和制动踏板力要求 a)满载检验时 气压制动系:气压表的指示气压≤额定工作气压; 液压制动系:踏板力,座位数小于或等于9的载客汽车≤500N;其他车辆≤700N。 b)空载检验时 气压制动系:气压表的指示气压≤600kpa; 液压制动系:踏板力,座位数小于或等于9的载客汽车≤400N;其他车辆≤450N		
1.4.2	制动力平衡	在制动力增长全过程中同时测得的左右轮制动力差的最大值,与全过程中测得的该轴左右轮最大制动力中大者之比;对前轴不得大于16%,对后轴不得大于20%;当轴制动力小于后轴轴荷的60%时,在制动力增长全过程中,同时测得的左右轮制动力之差的最大值不得大于后轴轴荷的5%		GB 18565—2001 的 6.13.1.3 6.13.1.3 制动力平衡要求 在制动力增长全过程中同时测得的左右轮制动力差的最大值,与全过程中测得的该轴左右轮最大制动力中大者之比,对前轴不得大于20%;对后轴,当后轴制动力大于或等于后轴轴荷的60%时不得大于24%;当轴制动力小于后轴轴荷的60%时,在制动力增长全过程中同时测得的左右轮制动力差的最大值不得大于后轴轴荷的8%
1.4.3	制动协调时间	GB 18565—2001 的 6.13.1.4 6.13.1.4 汽车制动协调时间(指在急踩制动时,从踏板开始动作至制动力达到规定的制动力75%时所需的时间);对采用液压制动系的车辆不得大于0.35s;对于采用气压制动系的车辆不得大于0.56s		
1.4.4	车轮阻滞力	各轴的阻滞力均不得大于该轴轴荷的2.5%		GB 18565—2001 的 6.13.1.5 6.13.1.5 车轮阻滞力:进行制动检测时,车辆各轮的阻滞力均不得大于该轴轴荷的5%
1.4.5	驻车制动	GB 18565—2001 的 6.13.3 6.13.3 驻车制动性能 当采用制动试验台检验车辆驻车制动的制动力时,车辆空载,乘坐一名驾驶员,使用驻车制动装置,驻车制动力的总和应不小于该车在测试状态下整车重量的20%;对总质量为整备质量1.2倍以下的车辆,限值为15%		

续上表

序号	项目	技术要求		
		一级	二级	三级
1.5		转向操纵性		
1.5.1	转向轮横向侧滑量	GB 18565—2001 的 7.3 7.3 转向轮的横向侧滑量。 7.3.1 前轴采用非独立悬架的汽车,转向轮的横向侧滑量,用侧滑仪(包括单、双板)按 12.4.2 规定的方法检测时,侧滑量值应不大于 5m/km 7.3.2 前轴采用独立悬架的汽车,可以前轮定位参数值符合原厂规定的该车有关技术条件为合格		
1.5.2	转向盘最大自由转动量	最大设计车速大于或等于 100km/h 的汽车为 15°,最大设计车速小于 100km/h 的汽车为 20°	GB18565—2001 的 7.1 7.1 转向盘的最大自由转动量 7.1.1 最大设计车速大于或等于 100km/h 的汽车:20°; 7.1.2 最大设计车速小于 100km/h 的汽车:30°	
1.5.3	悬架特性[c]	GB 18565—2001 的 7.6 7.6 悬架特性 对于最大设计车速大于或等于 100km/h、轴载质量小于或等于 1500kg 的载客汽车,应按 12.4.3 规定的方法进行悬架特性检测。 7.6.1 用悬架检测台按 12.4.3.1 规定的方法检测时,受检车辆的车轮在受外界激励振动下测得的吸收率(被测汽车共振时的最小动态车轮垂直载荷与静态车轮垂直载荷的百分比值)应不小于 40%,同轴左右轮吸收率之差不得大于 15%。 7.6.2 用平板检测台按 12.4.3.2 规定的方法检测时,受检车辆制动时测得的悬架效率应不小于 45%,同轴左右轮悬架效率之差不得大于 20%。 12.4.3 悬架特性检验。 12.4.3.1 用悬架装置检测台检验。 a)汽车轮胎规格、气压应符合规定值,车辆空载,不乘人(含驾驶人); b)将车辆每轴车轮驶上悬架装置检测台,使轮胎位于台面的中央位置; c)启动检测台,使激振器迫使汽车悬挂产生振动,使振动频率增加过振荡的共振频率; d)在共振点过后,将激振源关断,振动频率减少,并将通过共振点; e)记录衰减振动曲线,纵坐标为动态轮荷,横坐标为时间。测量共振时动态轮荷。计算并显示动态轮荷与静态轮荷的百分比及其同轴左右轮百分比的差值		
1.6		前照灯		
1.6.1	发光强度	GB 18565—2001 的 8.2 8.2 汽车每只前照灯远光光束发光强度应达到如下要求:两灯制:12000cd;四灯制:10000cd。测试时,电源系统可处于充电状态。采用四灯制的汽车,其中两只对称的灯达到两灯制的要求时,视为合格		
1.6.2	光束照射位置	GB 18565—2001 的 8.1.1～8.1.3 8.1.1 在检验前照灯的近光光束照射位置时,前照灯在距离屏幕前 10m 处,光束明暗截止线转角或中点的高度应为 0.6H～0.8H(H 为前照灯基准中心高度),其水平方向位置要求向左向右偏均不得超过 100mm。 8.1.2 四灯制前照灯其远光单光束的照射位置,前照灯在距离屏幕 10m 处,光束中心离地高度为 0.85H～0.90H,水平位置要求左灯向右偏不得大于 100mm,向右偏不得大于 170mm;右灯向左或向右偏均不得大于 170mm		

续上表

序号	项目	技术要求		
		一级	二级	三级
1.6.2	光束照射位置	8.1.3 汽车装用远光和近光双光束灯时以调整近光光束为主。对于只能调整远光单光束时,调整远光单光束		
1.7	排放污染物控制			
1.7.1	汽油车怠速污染物排放[d]	轻型 $CO \leq 3.5\%$;$HC \leq 700 \times 10^{-6}$ 重型 $CO \leq 4.0\%$;$HC \leq 1000 \times 10^{-6}$	GB 18565—2001 的 9.1.1.2 9.1.1.2 除 9.1.1.1 规定的其他 M、N 类装配点燃式发动机的车辆应按 12.7.3 规定的方法进行怠速试验	
1.7.2	汽油车双怠速污染物排放	M1 类 怠速:$CO \leq 0.7\%$;$HC \leq 135 \times 10^{-6}$;高怠速:$CO \leq 0.25\%$;$HC \leq 90 \times 10^{-6}$ N1 类 怠速:$CO \leq 0.85\%$;$HC \leq 180 \times 10^{-6}$;高怠速:$CO \leq 0.45\%$;$HC \leq 130 \times 10^{-6}$	GB 18565—2001 的 9.1.1.1 9.1.1.1 按 GB 18352 通过型式认证的轻型汽车,应进行双怠速试验或加速模拟工况(ASM)试验。装配点燃式发动机的车辆双怠速试验按 12.7.1 规定的方法进行	
1.7.3	柴油车自由加速烟度[e]	$R_b \leq 3.6$	GB 18565—2001 的 9.1.2.2 表 8 9.1.2.2 除 9.1.2.1 规定的其他装配压燃式发动机的车辆应按 12.7.4.2 进行自由加速烟度试验。	
1.7.4	柴油车排气可见污染物[e]	光吸收系数(m^{-1}):2.2	GB 18565—2001 的 9.1.2.1 9.1.2.1 按 GB 18352 通过型式认证的装配压燃式发动机的车辆,应按 12.7.4.1 进行自由加速排气可见污染物试验	
1.8	喇叭声级	GB 18565—2001 的 9.2.4 9.2.4 汽车喇叭声级在距车前 2m、离地高 1.2m 处用声级计测量时,其值为 90dB~115dB。		
1.9	车辆防雨密封性[a]	QC/T476		
1.10	车速表示值误差	车速表示值误差 0~+15%	GB 18565—2001 的 11.4 11.4 车速表检查 车速表允许误差范围为 +20%~-5%,即当实际车速为 40km/h 时,车速表指示值应为 32.8km/h~40km/h。其检验方法按 12.10 的规定进行	

a 载客汽车。
b 载货汽车。
c 用于对最大设计车速大于或等于 100km/h、轴载质量小于或等于 1500kg 的载客汽车。
d 按 GB 18352 通过型式认证装配点燃式发动机的轻型汽车,应进行双怠速试验;其他装配点燃式发动机的车辆应进行怠速试验。
e 按 GB 18352 通过型式认证装配压燃式发动机的轻型汽车,应进行排气可见污染物试验;其他装配压燃式发动机的车辆应进行自由加速烟度试验。

五、技术等级评定的程序

(1)道路运输经营者在检测评定时间内,将车辆送到已取得省运管局《委托检测书》的车辆综合性能检测站进行检测。

(2)车辆综合性能检测站依据相关标准和规范对车辆进行综合性能检测,并出具加盖了车辆综合性能检测站专用章的全国统一式样的检测报告单。

(3)车辆综合性能检测站根据检测结果,对照行业标准《道路运输车辆技术等级划分和评定要求》(JT/T 198—2016)对车辆进行技术等级评定,提供由车辆综合性能检测站授权签字人签名且加盖车辆综合性能检测站专用章的"＊＊＊道路运输车辆技术等级评定表"(表5-2),并在该车的车辆技术档案中"车辆技术等级评定记录"栏里作好相应的记录和签章。

道路运输车辆技术等级评定表　　　　　　　　　　　表5-2

技术等级评定机构(章):　　　　　　　　　　编号:

牌照号码		厂牌型号		车辆类别	
车属单位			联系电话		
检测站名称			联系电话		
检测编号			检测日期		年　月　日

经检测评定,该车符合中华人民共和国交通行业标准《道路运输车辆技术等级划分和评定要求》(JT/198)规定 _____ 级车的要求。

评定人员(签字):_____

车辆技术管理专用章:

年　月　日

备注	1. 车辆技术等级分为一级、二级和三级; 2. 评定车辆技术等级时须有2人(含2人)以上,共同进行评定和签字方为有效; 3. 本证书为道路运输车辆技术状况等级的凭证。办理道路运输有关手续时使用; 4. 道路运输有关手续办理完毕后,本证书存入道路运输管理机构车辆技术档案; 5. 本证书涂改和伪造无效

(4)运管所根据经车辆综合性能检测站授权签字人签名且加盖车辆综合性能检测站专用章的"＊＊＊道路运输车辆技术等级评定表"以及加盖了车辆综合性能检测站专用章的检测报告单、外廓尺寸检测表(货车),将评定结论为一级、二级、三级的道路运输车辆在《道路运输证》审验记录栏内注明车辆技术等级;对车辆技术等级达不到三级的车辆,各运管所应当书面通知道路运输经营者,并说明理由。各运管所应将上述表格妥善存档,同时查验该车辆技术档案及其二级维护记录卡,对未按规定进行二级维护的车辆按《中华人民共和国道路运输条例》第七十一条规定处理,同时收回旧的二级维护记录卡存档,换发新的二级维护记录卡。

任务实施

(1)网上查阅《中华人民共和国道路运输条例》;交通部《汽车运输业车辆技术管理规定》;《道路旅客运输及客运站管理规定》中关于营运车辆等级评定的相关内容,并做好摘录。

①《中华人民共和国道路运输条例》中关于营运车辆等级评定的相关内容。

②《汽车运输业车辆技术管理规定》中关于营运车辆等级评定的相关内容。

③《道路旅客运输及客运站管理规定》中关于营运车辆等级评定的相关内容。

(2)根据你所实训的车辆,做好技术等级评定的相关检查,并填写下表(表5-3)。

车辆单位：　　　　　　　　　　　　客车生产企业：　　　　　　　　　　表5-3

牌照号码				车辆类型			厂牌型号	
发动机号码				底盘号码			车辆识别号	
乘员位总数		（含驾驶员位等）		乘客座位数			卧铺位数	
出厂日期				登记日期			转籍过户日期	
项目	车辆等级		高三级	高二级	高一级	中级	普通级	低级
客车结构	车辆现有技术等级		□一级			□三级及以上		□四级
	发动机位置及保护装置		□后置且机舱内有温度报警系统和自动灭火装置,或□中置或前置且机舱盖设在客舱外			□其他		
	乘客门结构		□单扇			□双扇或折叠或其他		
	侧窗玻璃		□胶粘			□前后推拉或其他		
	行李舱		□有行李舱且在车外设有独立舱门					□其他
	车内行李架		□有(卧铺客车除外)					□无
	车身结构	座式客车	□全承载式			□非全承载式		
		卧铺客车	□全承载式					□非全承载式
	乘客区通道宽(mm)		□≥350			□≥300		□<300
底盘配置	悬架	前悬架结构类型	□独立式	□非独立式				
		悬架弹性元件	□全部气囊			□其他弹性元件		
	制动系	前桥盘式制动器	□有					□无
		ABS(一类)	□有					□无
		制动间隙自调装置	□有					□无
		缓行器	□电涡流缓行器且有温度报警系统或自动灭火设备,或□液力缓行器					□其他
	动力转向装置		□有					□无
	底盘自动润滑系统		□有(润滑点少于5处可选装)			□无		
	车轮及轮胎	轮胎	□无内胎子午线胎					□其他胎
		胎压监测报警系统	□有	□无				
		前轮轮胎爆胎应急安全装置及显示器	□低驾驶区结构客车有配置(普通驾驶区结构客车无要求)和□有显示器					□均无或不全
整车比功率(kW/t)			□≥15	□≥13.5	□≥12	□≥10	□≥9	□<9
车速50km/h匀速车内噪声[dB(A)]			□≤66	□≤69	□≤72	□≤75	□≤79	□>79

续上表

空调与控制	制冷及采暖装置	□制冷和采暖		□制冷或采暖		□无
	人均制冷量(kJ/h)	□≥2000		□≥1800		□<1800 或无
	人均供热量(kJ/h)	□≥2000		□≥1800		□<1800 或无
	人均强制通风换气量(m³/h)	□≥25(座式客车),□≥32.5(卧铺客车)				□<左列值或无
	车内温度控制装置	□温度自动控制装置		□温度手动控制装置		
	空气净化装置及人均通风量(m³/h) 座式客车	□有且人均通风量≥10		□其他		
	空气净化装置及人均通风量(m³/h) 卧铺客车	□有且人均通风量≥10				□其他
座椅	座椅宽度(mm)	□≥450	□≥440	□≥420		□<420
	座椅深度(mm)	□≥440		□≥420		□<420
	含枕头靠背高(mm)	□≥720		□≥680	□≥650	□<650
	靠背角度调节装置	□有		□无		
	靠通道座椅扶手	□有且可调(若每张座椅有固定扶手且两扶手间距≥500 mm的豪华座椅时,视为可调)		□有但不可调		□无
	座椅脚蹬	□有且高度可调		□有但高度不可调或无		
	同方向座椅最小间距(mm)	□≥780	□≥760	□≥720	□≥720	□≥700	□<700
	靠通道座椅左右调整量	□≥60(若每张座椅有扶手且两扶手间距≥500 mm时,视为调整量≥60 mm,不要求左右调整)		□其他		
	汽车安全带	□全部座椅(低驾驶区前排座椅应安装三点式安全带)				□其他
	座椅地脚安装结构	□与底板固定				□与滑道固定
卧铺	卧铺排列类型	□1+1	□1+1+1			□其他
	卧铺类型	□平铺	□半躺不可调卧铺			□其他
	卧铺全长(mm)	□≥1900		□≥1800		□<1800
	卧铺宽度(mm)	□≥700	□≥500(高二级平铺排列类型为1+1时,卧铺宽度≥700)	□≥450		□<450
	卧铺纵向间距(mm)	□≥1950(平铺)	□≥1600(半躺不可调)	□≥1550(半躺不可调)	□≥1850(平铺),或□≥1500(半躺不可调)		□<左列值
	卧铺横向间距(mm)	□≥700	□≥350(高二级平铺排列类型为1+1时,卧铺横向间距≥700)			□<左列值
	上铺空间高度(mm)	□≥800		□≥780		□<780
	上下铺铺间高度(mm)	□≥850		□≥800		□<800
	重叠脚窝内端高(mm)	—	□≥250(半躺不可调卧铺)			□<左列值

续上表

卧铺	下铺面距地板面高度（mm）	□≥250（当上下铺分别设置空调管道时,下铺面距地板面允许≥150）					□<左列值
	卧铺护栏高度(mm)	□≥150					□<150
	铺垫厚度(mm)	□≥70					□<70
	汽车安全带	□全部卧铺					□不全或无
	卧铺违规安装位置	□驾驶区（除低驾驶区上方有顶板外）、乘客门踏步间及其他服务设施上方无安装卧铺					□有安装
人均行李舱容积（m³/人）	座式车	12m≥车长>11m	□≥0.19	□≥0.17	□≥0.15	□≥0.13	□<0.13
		11m≥车长>10m	□≥0.17	□≥0.15	□≥0.13	□≥0.10	□<0.10
		10m≥车长>9m	□≥0.15	□≥0.13	□≥0.11	□≥0.09	□<0.09
	卧铺车	12m≥车长>11m	□≥0.22	□≥0.19	□≥0.17	□≥0.15	□<0.15
		11m≥车长>10m	□≥0.20	□≥0.18	□≥0.16	□≥0.12	□<0.12
		10m≥车长>9m	—	□≥0.16	□≥0.15	□≥0.11	□<0.11
服务设施与其他	卫生间	□有			□无		
	CAN总线	□有			□无		
	卫星定位系统	□有					□无
	发动车节能风扇	□有电磁风扇离合器或其他节能风扇散热系统			□无		
	击碎玻璃式应急窗	□配应急锤且有应急锤防盗或报警装置					□其他
	影音播放设备及麦克风	□有影音播放设备　和　□有麦克风					□均无或其他
	乘客门数量	□双乘客门（卧铺车必须是前、中门），或□有一个乘客门+外推式应急窗					□其他
检测机构评定意见		评定结果：□高三级　□高二级　□高一级　□中级　□普通级　□低级 评定人员：					
运管机构审核意见		审核结果：□高三级　□高二级　□高一级　□中级　□普通级　□低级 审核人员： 　年　　月　　日					

（3）组织参观车辆综合性能检测站，了解营运车辆技术等级评定的流程。

项目五　大客车等级评定与检验

任务二　大客车的检验

《中华人民共和国道路交通安全法实施条例》第十六条规定,机动车应当从注册登记之日起,按照一定期限进行安全技术检验。

条例中的"按照一定期限进行安全技术检验",主要是指机动车的年检,也就是我们平时所说的年审。年检是每个车辆都必须要的一项检测,相当于给车辆做体检,及时消除车辆安全隐患,减少交通事故的发生。

一、年检的分类

车辆的年检可分为初次年检和定期年检。机动车辆为了申领行驶牌照而进行的检验称为初次年检。初次年检的目的,在于审核机动车是否具备申领牌证的条件。定期年检即年审,是为了消除车辆安全隐患,减少交通事故的发生。

二、定期年检

1. 年检的期限

(1)营运载客汽车自注册登记之日起 5 年以内每年检审 1 次;超过 5 年的,每 6 个月检审 1 次。

(2)载货汽车和大型、中型非营运载客车汽车自注册登记之日起 10 年以内每年检审 1 次;超过 10 年的,每 6 个月检审 1 次。

(3)小型、微型非营运载客汽车(小车、私家车)自注册登记之日起 6 年以内每 2 年检审 1 次;超过 6 年的,每年检审 1 次;超过 15 年的,每 6 个月检审 1 次。

根据公安部关于贯彻实施《关于加强和改进机动车检验工作的意见》的通知(公交管〔2014〕219 号),试行非营运轿车等车辆 6 年内免检政策自 2014 年 9 月 1 日(含)起实施。而对于营运客车来讲依然按照 5 年以内每年检验 1 次;超过 5 年的,每 6 个月检验 1 次的相关规定。

2. 年检的内容

(1)检查发动机、底盘、车身及其附属设备是否清洁、齐全、有效,漆面是否均匀美观,各主要总成是否更换,与初检记录是否相符。

(2)检验车辆的制动性、转向操纵性、灯光、排气及其他安全性能是否符合"机动车安全运行技术条件"的要求。

(3)检验车辆是否经过改装、改型、改造,行驶证、号牌、车辆档案所有登记是否与车况相符,有无变化,是否办理了审批和异动、变更手续。

(4)号牌、行驶证及车上喷印的号牌放大字样有无损坏、涂改字迹不清等情况,是否需要更换。

(5)大型汽车是否按照规定在车门两边用汉字仿宋体喷写单位名称或车辆所在地街道、

乡、镇名称和驾驶室限坐人数；货车后栏板（包括挂车后栏板）外侧是否按规定喷写放大 2 ~ 3 倍的车号，个体或联营户的汽车，门的两侧是否喷写有"个体"字样；字迹要求清晰，不得喷写单位代号或其他图案（特殊情况需经车管所批准）。

3. 车辆年检需满足的条件

具有下列情况之一的车辆，必须按照有关规定办理后，方予检验。

(1) 车辆状况与行驶证、档案记载不符者。

(2) 号牌、行驶证破损不全、字迹不清或自行仿制号牌者。

(3) 车辆改装、改型、技术改造未办理审批和变更手续者。

(4) 未按照规定喷写单位名称和号牌放大字样者。

(5) 不按照规定安装警报器、标志灯具者。

(6) 未按照规定缴纳相关费用和保险者。

三、年检前的准备工作

1. 明确车辆的具体年审时间

(1) 按《行驶证》注册登记月份年审。例如："注册登记时间 2009 年 12 月"，那么参加年审的时间即为"12 月"，当月 1 ~ 31 号都可以，车辆管理所为了方便车主、缓解审车压力，一般可以提前 3 个月年审。

(2) 每 6 个月年审一次的车辆，以《行驶证》打印的检审合格有效期对应的月份参加年审，不再对应注册登记的月份。

2. 车辆年审所需手续

对于单位营运客车参加年审应办好下列相关手续：

(1) 填写《机动车查验记录表》，私车除车主签字外还须附车主身份证复印件，公车的须附企业代码证书复印件及填写《授权委托书》并加盖公章。

(2) 车辆识别代号（图 5-1）拓印纸粘贴在《机动车查验记录表》相应位置上。

图 5-1 车架号拓印

(3) 行驶证（图 5-2）。

 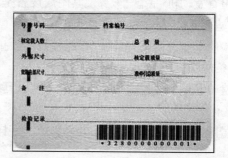

图 5-2 机动车行驶证

(4)机动车交通事故责任强制保险单(图5-3)。

机动车交通事故责任强制保险单(副本)

安邦财产保险股份有限公司
ANBANG PROPERTY & CASULTYINSURANCE CD. LTD

保险单号：

	被保险人				
	被保险人身份证号码(组织机构代码)				
	地 址		联系电话		
被保险机动车	号牌号码		机动车种类	适用性质	
	发动机号码		识别代码(车架号)		
	厂牌型号		核定载客	人	核定载质量	千克
	排量		功率	登记日期	
责任限额	死亡伤残赔偿限额	110000元	无责任死亡伤残赔偿限额	11000元
	医疗费用赔偿限额	1000元	无责任医疗费用赔偿限额	1000元
	财产损失赔偿限额	2000元	无责任财产损失赔偿限额	100元
与道路交通安全违法行为和道路交通事故相联系的浮动比率				%	
保险费合计(人民币大写)：		(¥： 元)其中救助基金 (%)¥： 元			
保险期间自 年 月 日零时起至 年 月 日二十四时止					
保险合同争议解决方式					
代收车船费	整备质量				
	当年应缴	¥： 元	往年补缴	¥： 元	带 纳 金 ¥： 元
	合计(人民币大写)：		(¥： 元)		
	完税凭证号(减免税证明号)		开具税务机关		
特别约定					
重要提示	1.请详细阅读保险条款,特别是责任免除和投保人、被保险人义务。 2.收到本保险单后,请立即核对,如有不符或疏漏,请及时通知保险人并办理变更或补充手续。 3.保险费应一次性交情,请您及时核对保险单和发票(收据),如有不符,请及时与保险人联系。 4.投保人应如实告知对保险费计算有影响的或被保险机动车因改装、加装、改变使用性质等导致危险程度增加的重要事项,并及时通知保险人办理批改手续。 5.被保险人应当在交通事故发生后及时通知保险人。 6.请在收到本保险单一周内拨打我们的24小时服务热线95569核实保险单资料,出险时请登陆http://www.ab-insurance.com查询理赔进度。				

核保：　　　　　　　　　制单：　　　　　　　　　经办：

图5-3 机动车交通事故责任强制保险单

(5)中华人民共和国组织机构代码证(盖鲜章)图5-4所示。

(6)委托书(盖鲜章)。
(7)代理人身份证复印件。
(8)车辆。

图 5-4　中华人民共和国组织机构代码证

3. 车辆年检前的自查

车辆年检中行车制动、驻车制动、灯光亮度这三项是否决项,意味着只要有一项不合格,全车即为不合格。为此,作为职业驾驶员应先从以下几个方面进行自查。

(1)清洁车辆,检车前尽量保持车容整洁,轮胎、底盘等部位没有泥污,灯罩干净。

(2)检查车辆的所有照明、信号灯具,应齐全可靠,工作正常。

(3)检查轮胎气压,把轮胎气压尽量调到车辆标定气压(参照车辆使用说明书),四个轮胎气压一致。

(4)路试检查制动,紧急制动时不能有甩头或甩尾的情况。如果新换了制动片或制动盘,一定要跑过 500km 以上再去检车。另外制动片尽量左右同时换,避免制动力量不均匀。

(5)驻车制动的调整:可能的情况下可将驻车制动调整到较紧的状态,检车合格后,再调回正常状态。

(6)灯光的调节:灯光亮度要正常,把灯罩擦干净。调整好灯光的左右和上下偏移量。

四、年检的流程

2014 年 5 月 16 日,由公安部、国家质检总局联合公布《关于加强和改进机动车检验工作的意见》,出台 18 项车检新政。新政规定,自 9 月 1 日起车辆年检的流程如图 5-5 所示。

第一步:尾气检测

先排好队,到收费窗口交检测费,等候上线。检测前会有工作人员进行初检,主要是核对发动机号与行驶证是否一致,再简单看看外观、车况等,然后填写尾气检测表。检测时,由检测员开车上线,拿到合格的尾气检测表就可以到窗口交钱领取机动车环

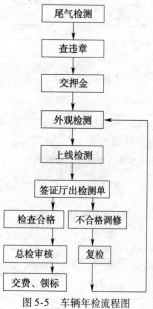

图 5-5　车辆年检流程图

保检验合格标志(图5-6)。如果不合格,需要到汽修厂调试后重新上线,当然要再交一次检测费。

第二步:查违章

查询窗口领取并填写"机动车定期检验登记表",可凭行驶证领取。填好表中事项交工作人员查询有无违章记录,没问题的表上会加盖"已核对,可验车"章,有违章的,拿着违章告知单尽快处理违章。

第三步:交押金

押金窗口缴押金,拿好押金条,领取并填写外观检验单。

第四步:外观检验

持外观检验单到外观工位,先查相关手续,核验第三者保险(强制性保险)是否在有效期内。手续查完之后才开始外观检验,这项检查主要看灯光有无破损、车身外观是否符合原样、悬架有无变动,还有天窗、轮胎等。

图5-6 机动车环保检验合格标志

第五步:上线检测

外观检验合格后,排队等候上线检测。检测线检测流程如图5-7所示。检测线负责制动、前照灯、底盘等内容的检测,大概5~10min,车开下线就可以领到一张计算机打印的表——《机动车安全技术检验报告》,大致有制动、灯光、喇叭等项目,合格的项目打印"0",不合格的打印"X"。若有不合格项,检测场一般都有调整灯光和制动的地方。调整后要重新上线检测。

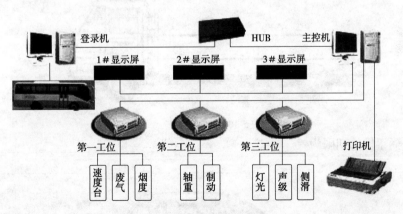

图5-7 检测线检测流程图

第六步:总检审核

各项检查合格后,到大厅总检处签字盖章确认检验合格。

第七步:交费,领标

到窗口交相关费用,退回押金,交工本费领"机动车检验合格标志"(图5-8),标后和行驶证副证上均打印有效期。绿标背后会写上有效期,就是下一次检验的月份。检字会打孔,有孔的月份就是下次检验的月份。

图 5-8　机动车检验合格标志

一、请确定图 5-9～图 5-11 中,各种类型车辆的年检的期限

图 5-9　年检车辆

该类型车辆年检的期限为：_____

_____。

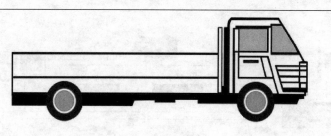

图 5-10　年检车辆

该类型车辆年检的期限为：_____

_____。

图 5-11　年检车辆

该类型车辆年检的期限为：_____

_____。

二、车辆年检前的自查项目记录

根据你所实训的车辆的实际情况,填写下表(表5-4)。

车辆年检前自查项目记录　　　　　　　　　　　　表5-4

序号	检查项目	技术要求	检查记录
1	清洁	车容整洁,轮胎、底盘等部位没有泥污,灯罩干净	
2	灯光	所有照明、信号灯具,应齐全可靠,工作正常	
3	轮胎气压	车辆标定气压(参照车辆使用说明书),四个轮胎气压一致	
4	路试制动	紧急制动时不能有甩头或甩尾的情况	
5	驻车制动器	根据车型,调整到较紧的状态	
6	前照灯调整	亮度要正常、左右和上下偏移量正常	

三、根据《机动车查验记录表》的相关内容,做好相关的查验工作,并填写记录表(表5-5)

机动车查验记录表　　　　　　　　　　　　表5-5

号牌号码(流水号或其他与车辆能对应的号码):　　　　号牌种类:

业务类型:注册登记　转入　转移登记　变更迁出　变更车身颜色　核发检验合格标志
更换车身或者车架　更换发动机　变更使用性质　重新打刻VIN　重新打刻发动机号
更换整车　申领登记证书　补领登记证书　监销　其他

类别	序号	查验项目	判定	类别	序号	查验项目	判定
通用项目	1	车辆识别代号		大中型客车、校车、危险化学品运输车	14	灭火器	
	2	发动机型号/号码			15	行驶记录装置	
	3	车辆品牌/型号			16	安全出口/安全手锤	
	4	车身颜色			17	外部标识、文字	
	5	核定载人数		其他	18	标志灯具、警报器	
	6	车辆类型			19	安全技术检验合格证明	
	7	号牌/车辆外观形状		检查结论:			
	8	轮胎完好情况					
	9	安全带、三角警告牌		查验员:			
货车挂车	10	外廓尺寸、轴数				年　月　日	
	11	轮胎规格					
	12	侧后部防护装置		复检合格	查验员:		
	13	车身反光标识				年　月　日	

机动车照片	备注:
(注册登记、转移登记、需要制作照片的变更登记、转入、监销) 请在此处贴上你所检查车辆的(车架号)拓印膜	

说明:1.填表时应在对应的业务类型名称上划"√";
2.对按照规定不须查验的项目,在对应的判定栏内划"—";
3.本表所列查验项目判定不合格时在对应栏划"×",本表以外的查验项目不合格时,在备注栏内注明情况,查验结论签注为"不合格";所有查验项目合格,查验结论签注为"合格";
4.复检合格时,查验员签字并签注日期;复检仍不合格的,不签注;
5.注册登记查验时,"车身颜色、核定载人数、车辆类型"判定栏内签注查验确定的相应内容,变更颜色查验时签注车身颜色。

四、机动车安全技术检验报告的识读

机动车安全技术检验完毕后,机动车安全技术检验机构(以下简称安检机构)应签发《机动车安全技术检验报告》(以下简称检验报告)。检验报告是安检机构的最终"产品",检验报告的质量代表了安检机构的全部工作质量,也是判断车辆年检是否合格的主要依据,读懂检验报告的相关内容可以帮助我们很好的了解车辆的技术状况。

《机动车安全技术检验项目和方法》附录 F(GB 21861—2014)中给出了示范文本,如表 5-6、表 5-7 所示。主要由表头、机动车基本参数、制动性能检验(台试)数据、前照灯、排放、车速表、侧滑量及人工检验项目等部分组成。

机动车安全技术检验报告(正面)　　　　　　表 5-6

代号:	检验日期:		检验流水号:		资格许可证号:			电话:	
号牌(自编)号			所有人						
号牌种类			车辆类型				品牌/型号		
VIN(出厂编号)			发动机号				燃料类别		
驱动类型			驻车轴				转向轴悬架形式		
前照灯制			前照灯远光光束能否单独调整						
初次登记日期			出厂年月				里程表读数		
检验类别			检验项目		登录员		引车员		

代号	台试检测项目		轮(轴)荷(kg)		最大制动力(10N)		过程差最大差值点(10N)		制动率(%)	不平衡率(%)	阻滞率(%)		项目判定	单项次数
			左	右	左	右	左	右			左	右		
B 制 动 *	一轴													
	二轴													
	三轴													
	四轴													
	驻车													
	整车													
	动态轮荷(左/右)(kg)		1轴	/	2轴	/		3轴	/		4轴	/		

	项目	远光发光强度*(cd)	远光偏移		近光偏移		灯中心高 mm
			垂直(mm/10m)	水平(mm/10m)	垂直(mm/10m)	水平(mm/10m)	
H 前照灯	左外灯						
	左内灯						
	右内灯						
	右外灯						

X 排放*	高怠速	CO(%)	HC(10^{-6})	λ	怠 速	CO(%)	HC(10^{-6})
	排气烟度	1)	2)		3)	平均值	

S	车速表	km/h
A	侧滑	m/km
路试制动性能 *		路试检验员

144

续上表

人工检验项目	不合格否决项(打编号)	不合格建议维护项(打编号)	检验员
1 车辆外观检查			
2 底盘动态检验			
3 车辆底盘检查			
检验结论	批准人	整车判定/总检次数	
备注	送检人(签字)	单位盖章	

重要提示：《道路交通安全法》规定，上道路行驶的机动车未放置有效检验合格标志的，公安机关交通管理部门将扣留机动车并处以罚款。检验合格后请及时到公安机关交通管理部门办理相关手续并领取检验合格标志，有不合格建议维护项时请及时调修车辆。

机动车安全技术检验报告（反面） 表5-7

说明：

(1) 报告中带"＊"项为否决项，否决项不合格，车辆检验不合格。

(2) 报告中项目判定栏及单项不合格指标后所用标记含义为：

○：合格；

◎：合格建议维护（前照灯检验时）；

×：不合格；

—：未检；

※：车轮抱死。

(3) 人工检验项目各栏中，标注为"无"则表示无不合格项。

(4) 柴油车排放测试方式及单位由微机打入空格中（光吸收系数（m^{-1}）或烟度（Rb））。

(5) 路试制动性能中 按选择的如下路试检测项目打印项目名称（单位）、数据：

制动初速度，制动距离(m)，制动稳定性；

制动初速度，MFDD(m/s^2)，协调时间(s)，制动稳定性。

(6) 制动动态轮荷仅在使用平板制动检验台检测乘用车时需打印。

(7) 单项次数栏打印本检验周期内单项检测的次数（含初复检）、以便明确该数据是第几次检测结果。

(8) 总检次数栏打印本检验周期内该车总上线检测的次数（含初复检）。

以实际的车辆检验报告为例，分析如下，如图5-12所示，图中圆圈中为实际检测的数据，方框中标明了该项数据的检测标准。

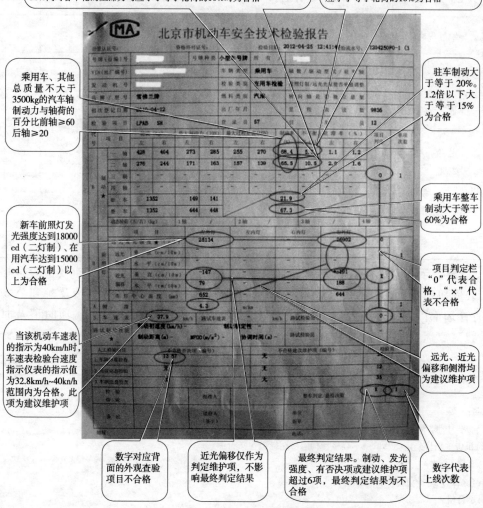

图 5-12　车辆检验报告分析图

参考文献

[1] 宁德发. 汽车维护与保养[M]. 北京:化学工业出版社,2017.
[2] 张勇斌. 汽车性能与评价[M]. 北京:化学工业出版社,2016.
[3] 王蓬勃. 汽车底盘构造[M]. 北京:电子工业出版社,2016.
[4] 乔维高. 现代汽车电子装置结构原理与维修[M]. 北京:高等教育出版社,2005.
[5] 吕秋霞. 汽车发动机构造与维修[M]. 北京:人民交通出版社,2005.
[6] 平白光. 汽车底盘构造与维修[M]. 北京:人民交通出版社,2005.
[7] 赵凤杰. 汽车电气设备构造与维修[M]. 北京:人民交通出版社,2005.
[8] 关文达. 汽车构造[M]. 北京:清华大学出版社,2009.
[9] 金加龙. 汽车底盘构造与维修[M]. 北京:电子工业出版社,2008.
[10] 陈家瑞. 汽车构造[M]. 北京:机械工业出版社,2005.
[11] 陈家瑞. 汽车构造[M]. 4版. 北京:人民交通出版社,2005.
[12] 汤定国. 汽车发动机构造与维修[M]. 北京:人民交通出版社,2005.